U0936490

汉译世界学术名著丛书

社会学方法的准则

〔法〕E. 迪尔凯姆 著

狄玉明 译

2017 年 · 北京

Émile Durkheim

LES RÈGLES DE LA MÉTHODE SOCIOLOGIQUE

Librairie Félix Alcan, Paris, 1919

根据法国巴黎费利克斯·阿尔冈出版社 1919 年版译出

Ouvrage publié avec le concours du

Ministère Français des Affaires Etrangères

本书出版得到法国外交部的资助

汉译世界学术名著丛书
（120年纪念版·珍藏本）
出 版 说 明

2017年2月11日，商务印书馆迎来120岁的生日。120年前，商务印书馆前贤怀揣文化救国的理想，抱持“昌明教育，开启民智”的使命，立足本土，放眼寰宇，以出版为津梁，沟通中西，为中国、为世界提供最富智慧的思想文化成果。无论世事白云苍狗，潮流左右激荡，甚至战火硝烟弥漫，始终践行学术报国之志，无改初心。

逐译世界各国学术名著，即其一端。早在20世纪初年便出版《原富》《天演论》等影响至今的代表性著作，1950年代后更致力于外国哲学和社会科学经典的译介，及至1980年代，辑为“汉译世界学术名著丛书”，汇涓为流，蔚为大观。丛书自1981年开始出版，历时三十余年，迄今已推出七百种，是我国现代出版史上规模最大、最为重要的学术翻译工程。

丛书所选之书，立场观点不囿于一派，学科领域不限于一门，皆为文明开启以来，各时代、各国家、各民族的思想与文化精粹，代表着人类已经到达过的精神境界。丛书系统译介世界学术经典，引领时代思想，为本土原创学术的发展提供丰富的文化滋养，为推动中国现代学术和现代化进程做出了突出的贡献。

为纪念商务印书馆成立120周年，我们整体推出“汉译世界学术名著丛书”120年纪念版的珍藏本，寄望既利于文化积累，又便于研读查考，同时向长期支持丛书出版的译者、编者和读者致以敬意。

两甲子后的今天，商务印书馆又站在了一个新的历史时间节点上。我们不仅要铭记先辈的身影和足迹，更须让我们的步伐充满新的时代精神。这是商务人代代相传的事业，更是与国家和民族的命运始终紧密相连的事业。我们责无旁贷，必须做好我们这代人的传承与创造，让我们的努力和成果不仅凝聚成民族文化的记忆，还能成为后来人可以接续的事业。唯此，才能不负前贤，无愧来者。

商务印书馆编辑部

2017年10月

出版说明

19世纪30年代，孔德在其《实证哲学教程》一书中，首次提出了"社会学"这一名称，自那以后，社会学经历了最初的创立阶段、制度化发展阶段，第二次世界大战后又进入当代发展阶段。虽然其内容、流派已由单一走向多样化，但其中最基本的主要著作自始至今都有着重要的影响和作用。E. 迪尔凯姆的《社会学方法的准则》一书就属此列。

E. 迪尔凯姆（Émile Durkheim，1858—1917），法国著名社会学家，社会学的重要奠基者之一。1858年4月15日生于法国孚日省埃皮纳尔一个小城镇的犹太教士家庭，早年曾继父志做一名拉比。1879—1882年就学于巴黎高等师范学校，1882—1887年在桑斯、圣康坦、特鲁瓦等地的许多中学任教，1885—1886年赴德游学，深受实验心理学的创始人冯特的赞赏。1887年起，在波尔多大学教授社会哲学，1891年被任命为法国第一位社会学教授。1902年后执教于巴黎大学。1898年，他创建了法国的《社会学年鉴》，围绕这个刊物，一批年轻学者组成了一个社会学家的团体：社会学年鉴派。1917年11月15日于巴黎逝世。

迪尔凯姆一生致力于建立法国社会学。他创立的社会学年鉴派对法国乃至西方社会学都产生了深远的影响。他的社会学思想最早见于其博士论文《社会分工论》（1893年），其中提出的社会秩序和社会整合问题，还贯穿在他的另外几本主要著作如《自杀论》(1897 年)、《宗教生活的基本形式》(1912 年)之中，也是他的社会学思想的主要内容。他对社会学的另一重要贡献，体现在他的《社会学方法的准则》一书中。在该书中，他为社会学确立了有别于哲学、心理学、生理学的独立研究对象：社会事实。社会事实的存在不取决于个人，它先于个体的生命而存在，比个体生命更持久，它由先行的社会事实所造成，并以外在的形式强制和作用于人们，塑造人们的意识。社会高于个人，社会事实不能用生理学、个体心理学等研究个体的方法来解释，必须采用社会学的方法、观点来解释。书中用较大篇幅论述了观察和说明社会事实的原则，同时提出了功能和因果分析的思想以及功能与历史原因的区分。

迪尔凯姆还把他在《社会学方法的准则》中所提出的基本理论与经验研究密切结合起来。他运用统计方法对自杀现象的研究，用人种学资料对澳大利亚土著居民进行的宗教研究，是社会学的理论研究与经验研究相结合的范例。

本书最早出版于 1895 年。由于本书在社会学中的重要地位，1929 年，上海商务印书馆就出版过著名社会学家许德珩先生的译本。我馆考虑到当前社会需要和中青年读者的阅读习惯，决定重译这本书。中译本依据的是法国巴黎费利克斯·阿尔冈出版社 1919 年的版本。此版附有作者所写的第一版和第二版序言。

商务印书馆编辑部

1995 年 9 月

目　　录

二、——普遍采用的解释方法的心理学性质。这种方法不懂得社会事实的基本性质，根据其定义，社会事实不能硬划为纯心理学事实。社会事实只能由社会事实来解释。

既然社会只能以个人意识为内容，怎么还能这样呢？结合产生新的存在和新的实在的制度，这一事实的重要性。社会学和心理学之间，同生物学和物理—化学之间一样，也存在着不连续性。

这一命题是否符合社会的形成的事实。

心理事实与社会事实的实证关系。心理事实是一种受社会因素的决定而变态的不定素材：例证。社会学家之所以赋予心理事实以产生社会生活的更直接的作用，是因为他们把仅仅属于变型的社会现象的意识状态当作纯心理事实。同一命题的其他论据：1、社会事实就人种因素而言的独立性，人种因素属于生理和心理的范畴；2、社会进化不能以纯心理原因作解释。

对于这一主题归纳出准则。由于这些准则没有得到承认，所以社会学的解释普遍得不到人们的信任。必须具有社会学专业文化知识。

三、——社会形态学事实在社会学解释中的重要意义：社会的内部环境是一切比较重要的社会过程的最初起源。内部环境中人的因素起着特别的决定性作用。因此，社会学的问题尤其在于找出最能影响社会现象的这种环境的各种属性。有两种属性符合这个条件：一种是社会容量；另一种是根据社会环节的结合程度加以衡量的动力密度。亚内部环境；它们与总体环境和团体生活的细节的关系。

关于社会环境的这种认识的重要性。如果没有这个

第一版序言[①]

由于人们不大习惯科学地看待社会事实，所以本书中的一些命题可能会使读者感到惊讶。但是，既然存在着一门关于社会的科学，我们就应该希望这门科学不应是对传统偏见的简单复述，而应使我们以不同于常人的眼光来看待事物，因为凡是科学，其目的都在于发现，而凡是发现，都要或多或少地动摇既有的观念。因此，除非使常识具有它在其他科学里早已不复享有的权威——但不知从何处获得这种权威——，否则，在社会学中，学者就得按照科学的方法进行研究，并对自己的研究结果坚决表现出无所畏惧的态度。如果说专爱提反论是诡辩行为，那么，当事实要求人们必须反论时而回避之，则是怯懦和不相信科学的表现。

不过，从原则上和理论上接受这项准则容易，而要坚持不懈地运用它就不容易了。我们还太习惯于按照常识的指引来解决所有这些问题，所以很难将常识与社会学的讨论彻底分开。甚至当我们自以为摆脱了它的影响时，它也会趁我们没有

① 法文版第一版只称《序言》，第二版后因加进《第二版序言》，而改称《第一版序言》。——译者

防备而把它的决定强加于我们。只有长期不懈的专门实践，才能使我们避免这样的失误。因此，我请读者也不要忽视这一点。希望读者永远铭记，最常用的思维方式可能最有碍于社会现象的科学研究，所以大家应当警戒第一印象的影响。如果读者丧失警惕，任第一印象发挥影响，则很可能没有理解我的意思而对我妄加批评。比如，可能指责我容忍犯罪，说我把犯罪看作是正常社会学的现象[①]。然而，这一指责是很幼稚的，因为在所有的社会里，出现犯罪本是正常的，而对犯罪进行惩罚也并非不正常。建立镇压制度同出现犯罪行为一样，都是普遍存在的事实，它对于保障集体的健康是必不可少的。要想没有犯罪，就得使每个人具有同等水平的意识，而根据我以后将要叙述的理由，这种同一水平是不可能的，也是不合众意的。但是，要想没有镇压，就得没有道德的同质性，而若没有道德的同质性，社会就不能存在了。但常识却从犯罪是丑恶的和令人憎恶的这一事实出发，错误地得出犯罪应该完全消失的结论。看问题惯于简单化的常识，不理解令人憎恶的事物还会有什么有益的存在理由，不理解这并没有任何矛盾。机体不是也有某些令人讨厌的功能，但它们的正常作用却是保证个体的健康所不可缺少的吗？我们不是讨厌疼痛吗？可没有不知道疼痛的人，除非他是一个怪物。一种事物的正常性与人们对它的反感，甚至会有紧密的相互关系。我们说疼痛是正常事实，那是在人人都不喜欢疼痛这个条件下说的。我们说犯罪是正常现

① 关于犯罪是正常社会现象的论述，见本书第三章之三。——译者

象，那是在人人都讨厌犯罪这个条件下说的①。我的方法并无任何革命的内容，从某种意义上讲，它在本质上甚至是保守的，因为它把社会事实作为物来考察，而这个物的性质，尽管十分柔韧和可塑，但不能随意改变。那种认为社会事实只是心灵的产物的理论该有多么危险！因为稍加逻辑推理，这个产物便立即土崩瓦解了。

同样，因为人们已经习惯于把社会生活视为观念上的概念的逻辑发展，所以可能认为那种使集体生活的进化依赖于空间所限定的客观条件的方法是拙劣的，从而可能把我说成是唯物主义者。但是，我更有理由要求人们给我以相反的称呼。其实，唯灵论的本质不就是认为精神现象不能直接产生于机体现象这一思想吗？而我的方法只是部分地将这一原理应用于社会事实而已。如同唯灵论者把心理学领域与生物学领域区分开来一样，我也把心理学领域与社会学领域区分开来；并同他们一样，我也拒绝以最简单的东西来解释最繁杂的东西。然而，认真说来，无论是唯物主义者还是唯心主义者，用在我头上都不准确。我唯一能接受的称号是理性主义者。实际上，我的主要目的在于把科学的理性主义扩展到人

① 但有人会反驳说：如果健康也包括令人憎恶的因素，那怎么能像你在后面所说，把它看作是行为的直接目的呢？——这一点也不矛盾。往往有这样的情况：一种事物，从其结果来看，有些是有害的，有些是有益的，甚至是生命所必要的。然而，即使不良的结果常被相反的影响所抵消，实际上并没有起到有害的作用，那它仍然是令人憎恶的，因为它本身毕竟就是一种危险，而这种危险只能借助于相反的力量才能避免。犯罪就是这样一种情况。如果刑罚发挥了正常作用，犯罪给社会带来的危害就会受到抵制。由此可见，可以在不让犯罪产生它可能造成的恶果的状态下，使犯罪与社会生活的基本条件保持一种我在后面将要谈到的积极的关系。但是，不能因为使犯罪成为一种所谓的无害行为，就说憎恶犯罪没有根据了。

们的行为中去，即让人们看到，把人们过去的行为还原为因果关系，再经过理性的加工，就可以使这种因果关系成为未来行为的准则，人们所说的我的实证主义，不外是这种理性主义的一个结果[1]。要想超越事实，在事实之外去理解和指导事实，只有把事实看成是不合理性的东西才行。如果事实是完全可以理解的，那对科学与实践来说就都足够了：因为对科学来说，这时没有理由在事实的外部去探求其存在的理由了；因为对实践来说，事实的有利价值就是其存在的理由之一。因此我认为，特别是在神秘主义正在复活的今天，我的这种尝试能够并一定被那些在某些方面与我有意见分歧，但对理性的未来与我有共同信仰的人毫不犹豫地，甚至十分高兴地接受。

① 这就是说，不要把我的实证主义与孔德和斯宾塞先生的实证主义形而上学地混淆。（关于迪尔凯姆认为孔德和斯宾塞的理论是形而上学的问题，见本书第二章之一。——译者）

第二版序言[①]

本书刚一问世，就引起了激烈的争论。通行的观点如临大敌，一开始就强烈反对我的意见，以至在一段时期里几乎不肯倾听我的陈述，甚至在一些我已经阐述得再清楚不过的问题上，也毫无根据地把一些与我的观点毫不相干的东西强加于我，试图以驳斥这些东西而把我驳倒。我反复声明，我认为意识，无论是个人的意识还是社会的意识，都决非实体的东西，只不过是一种特殊（sui generis）现象的或多或少系统化了的总体，但人们硬说我的这种观点是实在论和本体论。我明确指出，并再三说明，社会生活完全是由它的一切表象构成的，但人们却指责我从社会学中排除了精神要素。有人甚至重新搬出可以认为是早已被埋葬了的辩论方式来与我争辩。实际上，他们把某些并非我的观点，以这些观点"符合我的原理"为由，而归到了我的身上。然而，经验已经证明，这种既可以随心所欲地创立所争论的体系，又可以轻而易举地推翻这些体系的方法是十分危险的。

我认为，说这种抵制后来逐渐减弱，并没有什么不妥。当然，

① 这个序言最初以《论社会学中的客观方法》（De la méthode objective en sociologie）为题发表于《历史综合评论》（Revue de Synthèse Historique）1901 年第二期，随后收进本书的第二版（1901 年）。——译者

有些命题还在争论。但是，对于这种有益的争论，我既不感到奇怪，也不会抱怨。显而易见，我所规定的准则，实际上将来也必然要有所修正。根据我个人的十分有限的实际经验，我认为这些准则将随着社会实践的不断扩大和丰富，也必然会有所发展。另外，说到方法，我们所能做到的，永远只能是暂定的，因为方法要随着科学的发展而改进。不仅如此，最近数年间，尽管有人反对，但客观的、专门的、有系统的社会学事业仍在不断发展。社会学能取得这样的成果，《社会学年鉴》[①]的创刊无疑起了很大的作用。因为年鉴同时涉及社会学的全部领域，所以它能比任何一本专著更使人清楚地知道，社会学应当和可能如何发展。这样，它就可以使人们看到，社会学不必继续成为普通哲学的一个分支，就可以直接研究事实的细节，而不陷入泛泛的议论。因此，我应该对我的合作者们的热情和献身精神表示崇高的敬意。正是在他们的帮助之下，这种以事实进行的论证才得以开始并继续进行下去。

尽管这些进步已经实现，但过去的误解和混乱，显然至今尚未全部消除。因此，我想借本书再版的机会，对我已做过的全部说明作一些补充，对某些批评作出回答，并对某些问题加以新的明确的阐述。

---

① 《社会学年鉴》(L'Année sociologique)创刊于1898年，是迪尔凯姆领导的“迪尔凯姆学派”的机关报。年鉴的同人有福孔内、莫斯、里夏尔、于巴尔、西米安等人。——译者

一

关于应当把社会事实视为物这个命题，是我的方法的基础，它引起了最大的争论。反对者认为，我把社会世界的现实和外部世界的现实同等看待是荒谬的，是奇谈怪论。这是对这种同等看待的意义和范围的极大的误解。我这样做的目的不是把存在的高级形态降为低级形态，而完全相反，我是要使前者具有至少与大家公认的后者具有的实现条件相等的实现条件。实际上，我不是说社会事实是物质之物，而是说社会事实是与物质之物具有同等地位但表现形式不同的物。

那么，物究竟是什么呢？如同从外部认识的东西与从内部认识的东西是对立的一样，物与观念也是对立的。凡是智力不能自然理解的一切认识对象；凡是我们不能以简单的精神分析方法形成一个确切概念的东西；凡是精神只有在摆脱自我，通过观察和实验，逐渐由最表面的、最容易看到的标志转向不易感知的、最深层的标志的条件下才能最终理解的东西，都是物。因此，把某一类事实作为物来考察，并不是把它们归到这一或那一实在的范畴，而是以一定的心态观察它们。就是说，在着手研究事实时，要遵循这样一个原则：对事实的存在持完全不知的态度；事实所特有的各种属性，以及这些属性赖以存在的未知原因，不能通过哪怕是最认真的内省去发现。

对术语作了这样的界定之后，就可以明白我的命题绝非奇谈怪论，而且只要它不再被有关人的科学，尤其是不再被社会学经常而过分地忽视，它就几乎可以成为一种自明之理。实际上，从这个意义上来说，我们可以认为，也许除了数学的对象以外，一切科学的对象都是物。至于数学的对象，从其最简单的到最复杂的都是由我们自己确立的，所以要知道它是什么，只需研究我们的内心活动，从内部分析由此产生的精神过程就足够了。但是，至于严格意义上的事实，当我们试图对它们进行科学研究时，我们所面对的必然是一些未知的、不理解的物，因为人们在生活中所能形成的表象，在形成时既缺乏系统，又缺乏批判，没有科学的价值，应该排除在外。个人心理学研究的事实也具有这种性质，所以也应该以这个观点来对待。实际上，虽然从特点上来看，个人心理学研究的事实是我们内心的，但是，我们对它的意识既不能使我们理解其内在性质，又不能使我们知道其发生的根源。这样的意识却能使我们对事实有一定程度的认识，但只是像感觉那样使我们知道热或光、声或电而已；它使我们对事实产生的，是模糊的、瞬间的、主观的印象，而不是明确的、清晰的观念即具有解释性的概念。正是由于这个原因，在本世纪末诞生了以从外部研究心理事实，即把心理事实作为物来研究为基本原理的客观心理学。既然研究心理事实是这样，那就有理由这样来研究社会事实了，因为意识认识社会事实的能力不可能超过它对自己的认识能力①。——有人可能反对这种观点，认为既然社会事实是我们制造出来的，那么只要我们有了自我意识，就能知道我们给它加进了什么内容和如何形成它的。但

① 我们认为，要承认这个命题，没有必要认定社会生活是由表象以外的其他东西构成的；仅确信表象——无论是个体表象还是集体表象，只有对它们进行客观的研究时，才能成为科学的研究——就可以了。

首先要知道，社会制度的绝大部分是由前人定好而遗留给我们的，我们丝毫也没有参与它的建立，所以反躬自问时，不可能找到产生这些制度的原因。再说，就算我们参与了这些制度的建立，我们也只能是以最模糊的，甚至往往是最不准确的方式勉强地猜到决定我们的行动的真正原因和我们的行为的本质。仅就我们的个人行为而论，我们也很难知道指导我们行为的一些比较单纯的动机。有时，我们的行为出于自私，却自以为是无私的；我们屈服于爱，却自以为是向憎恨让步；我们做了不合理的偏见的奴隶，却自以为是服从于理性了，等等。对待个人的行为都是如此，那么我们怎么会有能力更加明晰地识别集体行为的比这要繁杂得多的发生原因呢？因为不管怎样，对于整个集体行为来说，具体到每一个个人的参与是微不足道的，参与的人很多，别人意识到的我们可能意识不到。

因此，我所确定的准则既不包括任何形而上学的思想，又不包括任何关于存在的本质的思辨，它只要求社会学家保持物理学家、化学家和生物学家在他们的学科开辟新的研究领域时所具有的那种精神状态。社会学家应该在进入社会世界时，意识到自己进入了一个未知世界；他们应该认识到，他们所要处理的事实的规律和生物学尚未形成以前生命的规律一样是不可猜测的；他们应该随时准备去作会使他们惊讶和困惑的发现。然而，社会学在知识方面还远远没有达到这样成熟的地步。研究物理本性的科学家强烈地感到，要战胜来自自然的抵抗力是何等困难，而社会学家却觉得自己能以精神直接认识物，以致以为他们可以由此解决那些最难解决的问题。但就目前的社会学状况来

说，我们甚至并未真正理解诸如国家或家庭、所有权或契约、刑罚或责任等主要的社会制度；我们对于这些制度赖以存在的原因、它们的职能和演变规律几乎一无所知；如果说我们已在某些方面隐约看到几丝曙光，那也只是刚刚开始。然而，只要翻阅一下社会学的著作，就会发现其中在这方面的无知和困惑。这些著作不但以独断一切问题为己任，而且以为用几页或几节就能说清甚至最复杂的现象。这就是说，这样的理论所表述的并不是事实（事实是不可能这样快地弄清楚的），而是作者在进行研究之前对事实所持的先入之见。当然，我们对于集体习尚的观念，即关于什么是集体习尚或怎样遵守集体习尚的观念，是发展集体习尚的一个因素。但这种观念本身就是一种事实，而为了正确地界定它，也应该从外部对它进行研究。因为这时需要知道的，不是哪位思想家个人怎样描绘这个制度，而是集体对于这个制度如何认识。实际上，只有这种认识才具有社会效果。然而，仅从内部观察还不能达到这种认识，因为我们任何一个人都不可能具有全部的集体认识；因此，必须找出若干使这种集体认识成为可感知的外部特征。再则，集体认识并非凭空而生，它本身也是外在原因的结果，而为了能够评价它在将来的作用，就应该知道这些外在原因。总之，不管怎么办，都总得采用这种方法。

二

另一个引起争论的激烈程度不亚于前一命题的命题是：社会

现象对于个人来说是外在的。今天,人们已愿意接受我的如下观点:个人生活和集体生活的各种事实在某种程度上具有质的不同。甚至可以说,在这一问题上,即使没有形成完全的一致,至少是达到了非常广泛的一致。现在,几乎没有一位社会学家对社会学的一切分支持否定态度了。但是,因为社会只能是由个人组成的[①],所以,以常识观之,社会生活除了个人意识以外别无其他基质(substrat),否则就成为空中楼阁,与生活游离。

但是,在社会事实方面,人们有时不那么容易作出判断,而在其他自然领域里则通常可以做到。数个要素一经结合,都会因结合而产生新的现象,但我们必须想到,这些新的现象不是存在于各个要素之中,而是存在于随要素的结合而形成的新的整体之中。同社会除了个人以外不包含其他东西一样,生物细胞中只含有无机分子,但具有生命特征的现象显然不可能存在于氢、氧、碳、氮等原子之中,因为生命运动怎么能出现于无生命的要素之中呢?生物学的属性又怎么能分配于这些无生命的要素之间呢?它们不可能同样存在于所有的要素之中,因为这些要素性质并不相同。碳不是氮,所以它不具有同氮一样的属性,也起不到氮的作用。说生命的每个方面及其每个主要特性都呈现在一个独特的原子群中,也是难以令人信服的。生命不能这样分解,它是一个整体,所以它只能以整体的形式存在于有生命的物质之中。生命只以整体的形式存在,而不以部分的形式存在。本身能够吸收营养和进行繁殖

① 然而,这个命题只能说是部分地正确。——除个人以外,还有作为社会的组成部分的各种物。只能说个人是社会的唯一的能动成分。

的，一句话，能够活着的，绝不是细胞中的没有生命的分子，而是细胞本身，也只能是它。我关于生命所述的一切，也可以适用于其他一切综合体。比如，青铜的硬度并不存在于形成它的、具有柔韧性的铜、锡、铅这些物质之中，而是存在于它们的合成物之中。水的流动性、营养性和其他属性并不存在于合成水的两种气体之中，而是存在于由它们的结合而形成的合成物之中。

现在我把这一原理应用于社会学。如果人们同意我的观点，也认为这种构成整体社会的特殊(sui generis)综合体可产生与孤立地出现于个人意识中的现象完全不同的新现象，那就应该承认，这些特殊的事实存在于产生了它们的社会本身之中，而不存在于这个社会的局部之中，即不存在于它的成员之中。因此，从这个意义上来说，这些特殊的事实，正如生命的特性存在于构成生物的无机物之外一样，也存在于构成社会的个人意识之外。我们把这些特殊的事实归之于每个社会成员身上就必然出现矛盾，因为就特性而论，特殊的事实是以社会成员所没有的东西为前提的。这样，我在下节对于严格意义上的心理学即研究可以思维的个人的心理学与社会学的区别的论述，在这里又以新的理由得到了证实。社会事实与心理事实不仅有质的不同，而且它们的**基质也不同**，两者在不同的环境下演变，也不取决于同样的条件。这并不是说社会事实不具有任何心理性质，因为它毕竟表现为思想或行为的方式。但是，集体意识的状态与个人意识的状态有质的不同，有其独自的表象。集体的心态并不等于个人的心态，它有其固有的规律。因此，尽管心理学与社会学在某些方面有一些关系，但两者终究截然不同。

但在这个问题上，有必要指出一个或许会给我们的争论带来几缕曙光的区别。

我非常清楚，社会生活的内容不能通过纯心理学的因素，即个人意识的状态来解释。实际上，集体表象所表现的是集体对作用于它的各种物的思想反映。集体的组成不同于个体，而作用于它的物也具有不同的性质。既不表现同样主体，又不表现同样客体的表象，不可能基于同样的原因。为了理解社会对自身和其周围世界的表象方式，我们必须考察的是社会的性质，而不是个人的性质。社会自己想象的象征，随社会是什么社会而变化。比如，社会认为自己来自它现在用作自称的动物，这就是说它形成了一个独特的而被称为氏族的集团。在动物被神格化而成为人类的祖先的地方，氏族就改变了性质。如果社会在地区的或家族的保护神之上，想象出另外一种它认为可以保护它的神，那是因为组成社会的一些地区或家族要想集中和统一，而宗教众神表现出的统一程度，则与社会在该时期所达到的统一程度一致。如果社会谴责某些行为方式，那是因为这些行为方式伤害了社会的某些基本感情，而这些感情则与社会的结构有关，就像个人感情与个人的体质和心理结构有关一样。因此，即便个人心理学对我们来说已不再是什么秘密，但它依然不能使我们解决这些问题中的任何一个，因为这些问题涉及个人心理学并不理解的一系列事实。

但是，这种异质性一旦被承认，社会就会提出如下的问题：个人表象和集体表象既然都是表象，不就应当相似吗？而由于这种相似，不就应该有通用于两者的某些抽象规律吗？神话、民间传说、各种宗教观念、道德信仰等，反映着不同于个人的实在的另外

一种实在；但使它们相互吸引或排斥，聚合或分离的方式，却往往不取决于它们的内容，而完全依从于表象的一般性质。它们以不同的方式形成，并像个人的感觉、想象或观念那样，互相关联地发生作用。比如，不管被表象的是什么东西，能够认为接近与相似、对照与逻辑对立会以同样的方式发挥作用吗？因此，我认为有可能出现一种也许可以作为个人心理学和社会学的共同地盘的完全是形式的心理学。也许这会使主张明确区分这两门科学的一些人产生怀疑。

严格地说，在我们的知识的现状下，方才提出的问题不会得到明确的解决。实际上，一方面，我们对于个人观念的相互结合的方式所知道的一切，归纳起来不外是一些很一般的而且十分含糊的原理，人们通常称这些原理为联想规律；而另一方面，对于集体观念的形成规律至今仍是全然无知。应该以确定这方面的规律为己任的社会心理学也只得反复无常的、空洞无物的泛泛之论的汇总而已。它应当做的，是对神话题材、传说、民间习俗和语言进行比较，以研究社会表象是以什么方式相互吸引或排斥，相互融合或分离等等的。一般说来，如果这个问题值得引起研究者们的注意，那我也只能勉强地说，他们行将探讨这个问题了。但是，即使他们找到了这些规律的某几项，那也显然不可能确切知道这些规律是或不是个人心理学规律的再现。

虽然不能肯定，但至少可以认为，即使这两种规律之间有相似之处，那它们之间的差异也一定十分明显。看来，说表象的构成素材不影响它们的结合形式，这实际上是不可能被人接受的。不错，心理学家们在论及联想规律时，好像总是认为它们同样适用于一

切种类的个人表象。但绝非如此，因为映象的相互结合不同于感觉；概念的相互结合也不同于映象。如果心理学得到进一步发展，那会确认每一种心理状态都有其固有的明确的规律。如果是这样的话，那就更应当(a fortiori)想到相应的社会思维规律也像社会思维本身一样，是有其特殊性的。事实上，只要人们一接触这类事实，就很难不感知这种特殊性。实际上，不就是这种特殊性才使得宗教观念(居集体观念之首)的相互融合、分离和转化而形成充满各种矛盾的、与我们个人思维的一般结果对立的合成物的特殊方式变得那么不可思议了吗？因此，可以这样推测：如果社会心态的某些规律确实使人觉得它们与心理学家所确立的规律相似，那也不只是因为前者是后者的个别情况，而且是因为两者之间除了存在明显的重要差异之外，还存在暂时还没有搞清楚的但将来可以通过抽象的推理发现的相似。这就是说，不论在什么情况下，社会学都不能简单地照抄心理学的这一或那一原理，把它用于研究社会事实。但是全体共有的集体思想，不论它是什么形式还是什么内容，在研究它的存在本身和目的时，都必须通过人们对它持有的特殊感情来进行，而且下一步不要忘记去研究它和个人思想相似到什么程度。一个主要是属于一般哲学和抽象逻辑，而很少属于社会事实的科学研究的问题①便在这里展现出来。

① 无须证明从这个观点出发，可以更为明显地看到从外部研究社会事实的必要性，因为社会事实是发生在我们身外的综合的产物，我们对于这种综合甚至连意识可以使我们对内部现象产生的那种模糊的知觉都没有。

三

我还要对本书第一章里对社会事实所下的定义补充几句。我把从能对个人意识产生强制作用这一特性上可以认识的行为方式或思维方式视为社会事实。于是在这一点上产生了一个值得指出的混乱。

由于人们习惯于将哲学思维形式用于社会学的对象，所以总是认为我以前的定义是一种关于社会事实的哲学。有人说我以强制解释社会现象，完全是学习塔尔德[①]先生的以模仿解释社会现象。我绝对没有这种高攀的念头，甚至连想都没有想到人们会说我有这种高攀的念头，何况这与我的整套方法是完全对立的。我给自己规定的任务，不是以哲学的观点来预先做出社会学的结论，而只是指出用什么外部特征可以认识社会学所要研究的事实，以使科学家能够原原本本地发现事实，而不将它们与其他事实混淆。这就要尽可能划定研究的范围，而不要试图全凭直观。因此，我十分诚恳地接受人们对我的如下指责：这个定义没有全部表达社会事实的所有特征，因而并不是唯一可能的定义。实际上，社会事实可以用许多不同的方式来显示其特性，这没有什么不可理解的，因

① 塔尔德(Gabriel Tarde，1843－1904)，法国社会学家和犯罪学家。他在《模仿的定律》一书中说："社会存在，实质上都是模仿。""社会上的一切东西，不是发明就是模仿。"——译者

为没有任何理由说它只有一个明显的特性[①]。关键是要选择其中可能最符合我们所规定的目的的那种特性。甚至极有可能根据情况同时使用若干个标准。我认为这在社会学中也往往是必要的，因为在某些情况下，强制性是不容易认识到的(参看第一章末尾)。既然是关于社会事实的基本定义问题，所以必须使所利用的特征可以直接辨认，并在研究之前就能发现。但是，这个条件正是那些往往与我的定义相对立的定义所不具备的。比如，有人说，社会事实就是"在社会中由社会产生的一切"；还有人说，社会事实是"以某种方式涉及和影响群体的东西"。但是，人们是不是知道事实的原因存在于社会呢？这个事实是不是产生社会效果呢？这些问题，只有在科学已经充分发展时才能知道。因此，他们的这些定义不能用于规定所要开始研究的对象。要使这些定义能被利用，就得使社会事实的研究达到相当的深度，从而发现另外某种可预先确认社会事实存在于什么地方的手段。

有人认为我的定义过于狭窄，而同时也有人指责我的定义过于宽泛，说它几乎包含了所有的实在的东西。实际上，他们是说，整个物质的环境对于受其影响的生物来说，都具有一种约束力，因

① 我所讲的社会事实的强制力远不是它的全部特性，它同时还可以表现出相反的性质。比如说，一切制度都是强加于我们的，但我们却愿意遵守它们；它们使我们承担义务，但我们却热爱它们；它们约束我们，但我们却从它们的功能和这种约束本身得到好处。这种对比就是伦理学家常说的反映道德生活的两个不同的、但又是实在的方面，即福利和义务的两个概念之间的反题。但是，大概没有不对我们产生这种双重的、而且只是从表面上看来矛盾的作用的集体习尚。我们之所以没有用这种既会有私心，又会有无私的特殊情感去界定集体习尚，只是因为这种情感不是通过外部的容易认识的特征表现出来的。福利具有一些比义务更内在、更深奥的，因而更不易掌握的东西。

为生物在一定范围内不得不适应物质的环境。但是，在这两种形式的强制之间，存在着一条明显的分界线，把物质的环境和精神的环境截然分开。一个肉体或若干个肉体对于其他肉体施加的压力，甚至对其意志施加的压力，是不能混同于集体意识对于其成员的意识所施加的压力的。社会强制之所以具有完全特殊的性质，不是来因于社会分子的某种组合十分严密，而是来因于某种社会表象具有权威性。不错，就习惯而言，不论是个体的还是遗传的，在一定程度内都具有这种属性。习惯支配我们，并把某些信仰和习尚强加于我们。不过，习惯只是从内部支配我们，因为它们存在于我们每个人的身上。全社会的信仰和习尚则与此不同，它们是从外部作用于我们的。因此，前者所产生的影响和后者所产生的影响是根本不同的。

另外，对于其他自然现象以其他形式表现我们在界定社会现象时所用的标志，也不应该感到惊异。这种相同只是来因于自然现象和社会现象都是实在的东西。凡是实在的东西都有一种必然有的、我们必须重视的本性，甚至在人们能够排除它们的作用时，也绝不能把它们完全消灭。实际上，这正是社会约束观念的本质所在，因为社会约束观念的全部意义就在于它承认集体的行为方式或思维方式是存在于个人之外的现实，而个人又每时每刻适应于社会约束观念。凡是有自己的固有存在的东西，比如集体的行为方式和思维方式，都是物。个人所见到的物是已经形成的现成的物，个人不能使物不是物或使物成为别的东西。因此，个人必须按物的原样认识物，而且很难（我不说不可能）改变物，因为物在不同程度上同社会对其成员具有的物质和精神的优势有关系。当然，个人对于物的生成是起作用的。但是,要有社会事实存在,就必须至少有许多个人通力合作,并使这种合作产生出新的东西。由于这种综合是发生在我们每个人的自身之外的(因为这种综合是由很多意识参与而完成的),所以其结果必然是在我们自身之外规定和确立某些不以每个单独的个人的意志为转移的行为方式和判断方式。正如有人指出的那样[①],有一个词只要把它的一般含义稍微扩大,就可以确切表达这个极其特殊的存在方式,这就是"institution(制度)"一词。实际上,我们可以不曲解这个词的原意,而把一切由集体所确定的信仰和行为方式称为"institution"。这样就可以把社会学界定为关于制度及其产生与功能的科学[②]。

对本书引起的其他争论,我认为无须回答了,因为它们没有涉及任何实质性的东西。本书所述方法的总目标并不决定于人们在划分社会类型或区分正常状态和病理状态时所常用的方法。另外,这些争论往往是由人们拒绝接受或有保留地接受我的基本原理即社会事实的客观实在性而引起的。因此,最后一切都要取决于和归结于这一原理。这就是为什么我认为把它从其他一切次要

① 参见福孔内(Fauconnet)和莫斯(Mauss)在《大百科词典》中所撰《社会学》条。

② 不能因为社会的信仰和习尚是从外部进入我们内部的,就说我们是完全被动地、原封不动地接受了它们的。我们通过思考和消化集体制度而使其个人化,给它们打上或深或浅的我们个人的烙印;这如同我们在感知可感的世界时,每个人都以自己的方法给它染上不同的颜色,不同的主体以不同的方式适应同一个物质环境。这就是为什么我们每个人都在一定程度上形成了自己的道德、自己的宗教、自己的技术的道理。实际上,并没有不带不同程度的个人色彩的社会共同性。尽管如此,所能允许的偏差度仍然是有限的。在偏差容易引起犯罪的道德与宗教现象方面,偏差度等于零或者极小。而在经济生活方面,则偏差度比较大。但在这后一种情况下,也迟早会碰到不可跨越的界限。

问题中单独提出来加以反复强调是有益的原因。而且我确信，我赋予这个原理以这样的优越地位，是表明我忠于社会学的传统，因为归根到底，关于社会事实的客观实在性的观点是全部社会学的出发点。其实，社会学只是在人们预感到社会现象虽然不是物质的，但不失为值得研究的实在的物时才诞生的。为了能够认识到研究社会现象到底有什么的必要性，必须先知道社会现象有一定的形式，有恒常的存在方式，有不取决于个人的专断而自己会产生出各种必然的联系的性质。因此，社会学的历史不外是为了使这种意识更加明确，更加深入，发展它所能导致的全部成果的长期努力。虽然我们在这方面已经取得了巨大的进步，但读过本书后就会知道，尚有许多关于人类中心论的公设的残余，在到处阻塞走向科学的道路。人类一方面不愿意放弃长期以来属于自己的那种控制社会领域的无限权力，但另一方面又感到，既然确实存在着集体的力量，他们就必然被迫服从这种力量，而不能改变它。这就促使人类去否定这种力量。无数的经验在告诉他们，得意洋洋地幻想的这种无限权力，一直是使他们变弱的原因，而只有在他们承认物具有其固有的本性并虚心地探求物究竟是什么的时候，他们对物的支配才真正开始。但这些经验并没有发生效果，他们仍坚持原有的偏见。已被其他一切科学早已抛弃了的那种可悲的偏见依然顽固地存在于社会学之中。因此，当务之急是把社会学从这种偏见中彻底解放出来，这也是我所作的努力的主要目的所在。

引　言

至今，社会学家很少留意于概括和界定他们用以研究社会事实的方法。比如，斯宾塞先生的全部著作没有一处谈到方法论问题，而他那本书名可能使人产生错觉的《社会学入门》[①]，则完全叙述的是社会学的难处和能力，并没有论述社会学应该使用的方法。不错，密尔对这个问题进行过很长时期的研究[②]，但他也只是把孔德已经说过的东西用他自己的辩证法筛选了一遍而已，丝毫没有补充真正属于他个人的东西。因此，只有《实证哲学教程》中的一章[③]才可以算作我们所知道的有关这个问题的唯一独创而重要的研究。

而且，这种显而易见的忽略也毫不足怪。实际上，我上面提到的这些大社会学家，对社会的本质、社会领域与生物领域的关系、社会进步的总进程的研究，都没有超出泛泛之论；就连斯宾塞先生的大部分社会学著作也只是以揭示如何把普遍的进化规律应用于

---

① 《社会学入门》(L'Introduction à la Science Social)的英文原著名为 The Study of Sociology(《社会学研究》)，英译本便回复了英文原名。——译者

② 见《逻辑体系》，第 1 卷第 4 册第 7－12 章。(密尔，旧译穆勒，严复曾将此书的前 3 卷译成中文，名为《穆勒名学》。——译者)

③ 见《实证哲学教程》法文版第 2 版第 294－336 页。(这一章是《实证哲学教程》，第 4 卷第 48 讲《可以合理研究社会现象的实证方法的基本特点》。——译者)

社会为目的。然而，探讨这些哲学问题并不需要特别的和复杂的办法。只要社会学家酌情运用演绎法和归纳法，并对社会学研究所用的最一般的材料进行简要的处理就可以了。但是，观察事实所需采取的严谨态度，提出主要问题所应采用的方法，研究中所应掌握的方向，使研究取得成功所要进行的专门实验，以及进行论证时所应遵守的准则等问题，尚有待于解决。

机遇，其中当然主要是波尔多大学文学院为我开设正规的社会学课的创举[①]，使我得以很早献身于社会学研究，并使它成为我的专业，从而使我能够摆脱那些非常一般的问题，而去研究一些特殊的问题。这样，出于事物本身的需要，我不得不制定出一套更为明确的，而且在我看来是更切合社会现象的特殊性的方法。这是我从实际研究中得出的成果，我把它们全部陈述于本书之中，供大家讨论。当然，我新近出版的《社会分工论》一书已经隐含着这些成果。但我认为，再把它们从该书中摘出来，加以重新整理，并从该书和我尚未出版的一些著述中引用一些实例加以论证和说明，是不无补益的。这样，人们就可以更好地评价我想为社会学研究规定的方向了。

① 指波尔多大学文学院 1887 年为迪尔凯姆开设的《社会学与教育学》课程。——译者

第一章　什么是社会事实

在开始探讨什么是适合研究社会事实的方法之前，首先要知道什么是我们所说的社会事实。

因为人们所使用的“社会事实”这个术语很不准确，所以弄清楚这个问题尤为必要。人们通常用这个术语来表示社会内部发生的几乎所有的现象，只要它们泛泛地代表着一点点社会利益。但这么一来，可以说没有一件人间的事情不可称为社会事实了。每个人都要饮食、起居和思考，而社会对这些机能的正常运行都得关心。如果说这些都是社会事实，则社会学就没有自己固有的研究对象了，而且社会学的研究领域也就与生物学和心理学的研究领域没有区别了。

但实际上，任何社会都存在着一定的因自身的明显特征而有别于其他自然科学所研究的对象的现象群。

当我尽兄弟、丈夫或公民的义务时，当我履行自己订立的契约时，我就尽到了法律和道德在我的自身和我的行为之外所规定的义务。即使我认为这些义务符合我自己的感情，从内心承认它们是实在的，也不能使这种实在性不是客观的，因为这些义务不是我自己创造的，而是教育让我接受的。何况，我们往往不知道自己承担的义务的细节，而为了了解它们，就不得不去查阅法典和请教权威的法典解释者呢！这如同宗教信仰和宗教仪式，信徒一生下来就为他们完全准备好了一样。既然在信徒出生之前，宗教信仰和宗教仪式就已经存在，这就说明它们是存在于信徒之身外的。我表达思想时使用的符号系统，我还债时利用的货币制度，我在商业往来中使用的信用手段，我在职业活动中遵行的惯例，等等，都是不以我在这些方面的意志为转移而独立发挥作用的。假如以构成社会的全体成员中的每个人为例，则上述的一切可再现于每个人身上。也就是说，从这里可以看到具有存在于个人意识之外的这种明显属性的行为方式、思维方式和感觉方式。

行为或思想的这些类型不仅存在于个人意识之外，而且具有一种必须服从的，带有强制性的力量，它们凭着这种力量强加于个人，而不管个人是否愿意接受。当然，当我心甘情愿服从这种强制力时，我就感觉不到或者说很少感觉到它是强制的了，而它也就不成其为强制的了。尽管如此，强制并不因此而不再是这些事实的属性，其证明是：我一去反抗它，它就立即表现出来。如果我企图触犯法律，法律就对我作出反应：如尚有时间纠正，就纠正我的行为；如我的行为已经完成但还可以纠正，就宣布我的行为无效而使其恢复正常；最后，倘若我的行为已无法纠正，就惩罚我而抵罪。那么，纯道德准则呢？由社会公德通过对公民行为的监督和自身拥有的特殊惩罚来制止一切侵犯纯道德准则的行为。另外，社会上还有一种约束，它虽然不是强制的，但并没有因此而不存在。如果我不遵从社会习俗，或者我奇装异服，毫不考虑本国和本阶级的习惯，那就会引起人们对我的嘲笑和疏远。这虽不严重，但其作用都是一种真正的惩罚。还有一种可以说只是间接发生作用，但并没有因此而效果稍减的约束。比如,我并没有义务必须和我的同胞讲法语,必须使用法定的货币,但我不得不如此,不能另来一套。如我试图逃避这个必然性,则我的企图一定惨败。我作为一个工厂主,谁也不会禁止我以过时的方式和方法去经营我的工厂,但如果我真那样做了,必定破产,以失败而告终。即便我事实上能够摆脱并违背这些准则而获得成功,那也只是迫于无奈而与之斗争才得以成功的。即使这些准则最终被我战胜了,它们的反抗也使我充分感受到它们是有束缚力的。革新家,即便是幸运者,他们的事业也没有不遭到这种反抗的。

于是就有了如下一类具有非常特殊的性质的事实。这类事实由存在于个人之身外,但又具有使个人不能不服从的强制力的行为方式、思维方式和感觉方式构成。因此,不能把它们与有机体现象混为一谈,因为有机体现象由表象和动作构成;也不能把它们与仅仅存在于个人意识之中并依靠个人意识而存在的心理现象混为一谈。这样,它们就构成为一个新种,只能用“社会的”一词来修饰它,即可名之为社会事实。这样称呼它最合适,因为十分清楚,它既然没有个人作为基础,那就只能以社会为基础:要么以整体的政治社会为基础,要么以社会内部的个别团体,诸如教派、政治派别、文学流派或同业公会等为基础。另外,也只有这样称呼才合适,因为“社会的”一词只是在专指那些不列入任何已经形成的和已经具有名称的事实范畴的现象时才具有明确的意义。因此,这类现象成为社会学的固有领域。确实,我们用“约束”一词来界定这类现象时,可能会使绝对的个人主义的热烈拥护者感到害怕。因为他们声称个人是完全独立自主的,所以在他们看来,只要个人感到他

不是只依靠自己，那就降低了个人的价值。但是，现在既然已经知道，我们的大部分观念和意向并不是我们自己形成的，而是来自外界，所以，它们只能强制我们承认它们，尔后进入我们的头脑。这就是我的定义的全部意思。此外，我们都知道，一切社会约束并不一定要排斥人的个性[①]。

然而，由于上述各例（如法律、道德、教义、金融制度等）都是属于既有的信仰和惯例，所以人们就会据以认为，凡是有确定的组织的地方，才有社会事实。但是，还有一些也具有同样的客观性，也同样对个人产生影响，但没有结晶化形式的事实，即人们所说的社会潮流。比如，集会发生的激情、义愤、怜悯等情感方面的巨大冲动，就不是产生于任何个人的意识，而是来自我们每个人的外部，不管我们每个人愿意与否，都会受到感染。当然，也会有这样的情况：我虽然完全置身于冲动之中，但没有感受冲动对我的压力。然而，只要我试图反抗，压力就会显现出来。假如某一个人想要攻击这种集体表示之一，那他的拒绝感情反而会来反对他自己。既然这种外来的约束力在遭到反抗时会如此明显地表现出来，那就表明它在没有遭到反抗时就已经存在，只是人们没有意识到罢了。在后一种情况下，是我们被一种错觉所迷惑，以为外部强加于我们的东西是我们自己创造的。但是，即使我们对于所受到的压力百依百顺，那也只是掩盖了而不是消除了这种压力。这就像我们在空气中并不感到空气有重量，而实际上空气的重量是存在的一样。

① 这并不是说，一切约束都是正常的。关于这一点，我在后边再作论述。（见第五章。——译者）

同样，我们自发地参与了群情激奋的场合，但我们在其中得到的感受与过去自己单独时的激情感受是完全不同的。而一旦集会解散，这种群体影响不再对我们发生作用，我们又回到一个人独处的状态，则我们就会觉得方才的那种情感，好像是我们并不了解的某种外来的东西所使然。这时我们才发现，我们当时那种情感主要是受了影响的结果，而不是自己产生的。有时候，当这种感情违反我们的本性时，甚至会使人们恐怖。比如，一些单独的个人，他们绝大多数本来是不会做出坏事来的，但一旦他们成群结伙，便会不由自主地参与狂暴活动。我就这种瞬间的发作所说的一切，也同样适用于不断发生在我们周围的那些或者是全社会性的，或者是仅限于宗教、政治、文学、艺术等领域的比较持久的舆论运动。

另外，我们还可以用一种特别的实验来证明社会事实的这个定义，即只要我们观察一下培育儿童的方法就可以了。我们看一下目前的事实及其从古至今的发展，就会发现，一切教育都是通过不断的努力，教导儿童学会那些并非随着儿童的成长就能自发掌握的观察、感觉和行事的方式。婴儿出生以后，我们就强迫他定时饮食、睡眠，以后又强迫他养成卫生、安静和听话的习惯，稍长再强迫他学会尊重别人、遵从习俗和礼仪，最后强迫他学会劳动，等等。如果说随着时间的推移，这种约束感觉不到了，那是因为这种约束逐渐变成了习惯和内在倾向。这种习惯和倾向可使约束不再起作用，但它们之所以能代替约束，则是因为它们是由约束产生的。不错，在斯宾塞先生看来，合理的教育应该反对这种方法，而让儿童完全自由，不受管束。但是，由于这种教育理论从未被我们至今所知道的任何一个民族所采纳，所以它只能是斯宾塞个人的愿望

(desideratum),而不能成为一种与上述事实对立的事实。上述事实之所以特别有教育意义,是因为教育的目的正是为了培养作为社会存在的人。这样,我们就能从教育中大致看出这个社会存在在历史上是怎样形成的。儿童每时每刻受到的压力,正是欲以自己的形象陶冶儿童的社会环境的压力,而父母和老师只不过是这个形象的代表和媒体。

因此,不能用现象的普遍性来确定社会学上的现象的特点。一种思想可以一再出现于个人的意识之中,一种动作可以反复发生于每个人身上,但并不能因此就说这种思想和这种动作是社会事实。如果我们满足于以这种特点来界定社会事实,那就错误地把社会事实同所谓社会事实在个人身上的具体表现混为一谈了。构成社会事实的,是团体的信仰、倾向和习俗这类东西,至于以集体形式表现在个人身上的那些状态,则是另一种东西。最能说明这种双重性的是,这两种事实往往是以分离的状态出现的。实际上,个人的某些行动或思想方式,由于在其身上不断重复,而获得了一种可以说是把该行动或思想方式沉淀下来,并使它们脱离了它们借以表现出来的各个事件的稳定性。于是,这种行动或思想方式就有了一种明显具有其自身特点的固有形式,成为一种通过个别事实表现出来,但又截然不同于个别事实的特殊的(sui generis)实在。集体的习惯不只是以一种固定的状态存在于这种习惯所决定的连续不断的行为之中,而且以我们在生物界尚未见到先例的特权,通过言传口教,通过教育的师授,甚至通过文字的肯定,而永远流传下来。这就是法律和道德准则、民间的格言和谚语、概括宗教或政治派别的信仰的信条,以及文学流派所形成的风格等

的渊源和本质。这些东西并非每一项都要通过应用于个人而再现，因为即使现在没有被应用，它们仍然是可以存在的。

当然，这种分离状态并不总是表现得同样明显。但是，它在我上面所说的许多而且重要的场合下确实存在，这足以证明社会事实与其在个人身上的反应是截然不同的。此外，当这种分离状态不能直接观察出来时，也往往可以借助某种人为的方法使它出现。而且，如果想使社会事实排除一切杂质，以便在纯粹的状态下对它进行观察，则借用这种方法还是不可或缺的。比如，某些社会思潮在不同的时间和国家，不同程度地迫使人们结婚、自杀、多生育或少生育等，这些现象显然是社会事实。乍一看来，它们似乎是与它们在个人身上的表现形式分不开的。但是，统计学为我们提供了使它们分离开的办法。实际上，它们在统计学上是以出生率、结婚率、自杀率，即用结婚、出生、自杀的年平均总数分别除以已达结婚、生育和自杀年龄[①]者的年平均总数所得出的数字，精确无比地表示出来的。因为这些数字中的每一个都是不加区别地包括了所有的个人情况，而能够对现象的产生起一定作用的个人差异则在数字中相互抵消，从而影响不了这一数字。这一数字所表示的，只是集体精神的某种状态。

这就是排除了一切掺杂成分的社会现象。至于它们在个人身上的表现，当然具有某种社会的性质，因为它们部分地再现着集体模式。但是，它们之中的每一个又在很大程度上取决于个人的生理—心理状况和个人所处的环境。因此，它们又不是纯社会学现

① 自杀并非以同样的强度出现于每个年龄段，也非以同样的强度出现于各种年龄的人。

象。它们同时属于两个领域,可以称之为社会—心理现象。社会学家虽然对它们很感兴趣,但它们并没有成为社会学研究的直接材料。与此类似,有机体内也存在着具有混合性质的现象,而这些现象则属于混合学科,比如生物化学的研究领域。

但是有人会说,一种现象要成为集体现象,除非它是社会成员所共有的现象,或者是大多数社会成员所共有的现象,也就是说,它必须是一种普遍现象。但是,毫无疑问,它之所以是普遍的,是因为它是集体的(即多少带点强制性的),而不是因为它是普遍的,所以它才是集体的。这是一种强加于个人而后再由个人重复的团体状况。它存在于整体中的每个个体,是因为它已存在于整体,而不能说它存在于整体,是因为它已存在于个体。在这方面表现得最为明显的是,我们的祖先以既成事实传给我们的信仰和宗教仪式。我们之所以能够接受它们,是因为它们既是集体的,又是累世的创造,具有一种各方面的教育都教导我们去承认和尊崇的特别权威。值得注意的是,绝大多数社会现象都是通过这样的途径出现在我们身上的。甚至一些社会事实,当它们部分地由于我们的合作而发生时,也同样具有这种性质。集会上爆发出来的集体情感,不只是在表达与会的所有个人的情感里共有的东西。正如我们已经指出的,它完全是另一种东西。它来源于公共生活,是在个人意识之间交互影响的作用和反作用的产物。如果说它能在每一个个人的意识中引起反应,那正是因为它具有一种来源于集体的特别力量。如果大家都产生了共鸣,那并不是因为彼此之间有一种事先自发安排好的协议,而是因为有一种同一的力量把大家引向同一个方面。每一个个人都受群体的熏陶。

这样，我们就对社会学的研究领域有了一个明确的概念。它所研究的只是一组固定的现象。一个社会事实，只是由于它有或能有从外部施及个人的约束力才得到人们的承认；而这种约束力的存在则是由于某种特定的惩罚的存在，或者由于社会事实对于个人打算侵犯它的一切企图进行抵制，而得到人们的承认。然而，只要我们根据前面所述，注意到社会事实还有第二个基本特点，即它的存在不依存于它在团体内部扩散时表现于个体的形式，我们还可以通过社会事实在团体内部的扩散来界定它。这个标准有时甚至比前一标准更便于运用。实际上，约束如果像在法律、道德、信仰、习惯、风俗等中那样被某种直接的社会反作用显现于外时，是容易被确认的。但是，如果像经济组织那样，只是间接地使用它时，它就不总是显现得十分清楚。因此，普遍性与客观性相结合才容易成立。而且，这第二个定义不过是第一个定义的另外一种形式罢了，因为一种存在于个人意识之外的行为方式，要想成为普遍的行为，只有通过强加于人的办法来实现。①

①　可见，对于社会事实所下的这个定义，与塔尔德先生为建立其巧妙的体系而发明的那个定义是远不相同的。我首先要声明的是：我的研究没有一处能够使我确认塔尔德先生所主张的模仿对于集体事实的产生所起的绝对作用；其次，根据塔尔德先生的这个不能成为一种理论、而是对于观察的直接材料进行简单概括的定义，似乎完全可以得出这样一种结论：模仿不仅不能始终说明，甚至永远也不能说明可以看作社会事实的本质和特点的那些东西。毫无疑问，一切社会事实都能被模仿，正如我已经说过的，社会事实具有普遍化的倾向，但这是因为它是社会性的，也就是说因为它是强制性的。它的扩散力并不是它具有社会学特点的原因，而是其结果。再者，假如只有社会事实才能产生这种结果，那么，模仿即使不能用来解释社会事实，至少也可以用于界定社会事实。但是，通过模仿而扩散出去的个体状态并不会因此而不再是个体状态。另外，“模仿”一词是不是适于表达强制作用所引起的传播，也值得怀疑。使用“模仿”这个单一的用语，人们会把那些截然不同的现象混淆起来，而这些现象本来是需要加以区分的。

但是，可以自问一下，这个定义是否全面呢？实际上，我们据以作这个定义的全部事实都是行为方式(manière de faire)，它们属于生理学的范畴。但是，另外还有集体的存在方式(manière d'être)，即属于解剖学或形态学范畴的社会事实。社会学不能不关心与集体生活的实体有关的事情。然而，乍看起来，社会的基本构成要素的数量与性质、它们的结合方式、它们所能达到的融合程度、地区的居民分布、道路的数量与性质、居住的形式等等，又似乎不能归结为行为、感觉、思维的方式。

但是，首先应当指出，这些不同的现象也具有我们在为其他现象作定义时使用过的那些特性。这些现象的存在方式同我上面所说的行为方式完全一样，都是可以强加于个人的。实际上，要想知道一个社会在政治上是怎样划分的，被划分的各部分是怎样构成的，各部分之间的融合程度如何，不能借助于实物方面的观察和地理方面的考察去达到，因为这种政治划分虽然有某种物质性的基础，但仍然是精神上的划分。只有依靠公法才能研究这种组织，因为如同公法规定我们的家庭关系和公民关系那样，公法也规定着社会的政治组织。因此，政治组织也带有强制性质。居民之所以聚居城里而不散居乡间，那是因为有一种舆论和集体压力在驱使人们这样集中。居住的形式也和服装的款式一样，不是我们可以随意选择的；至少对两者的选择是有强制性的。交通路线几乎是以命令的方式规定了国内往来和贸易的方向，甚至它们的频率，等等。因此，至多对我前面作为社会事实的特殊标志而列举的一批现象再增补一个种类就可以了。而且，那种列举也绝不可能罗列净尽，所以，这种增补也不是必不可少的。

再则，这种增补也没有意义。因为这些存在方式只是已经固定的活动方式而已。一个社会的政治结构，只是这个社会的各构成部分之间彼此共同生存的习惯方式。如果各构成部分之间有着传统的密切关系，它们就倾向于联合，反之则倾向于分裂。我们现在不得不采用的居住形式，不外是我们周围的人（有一部分是我们的祖先）惯于建造的房屋的形式。交通路线不外是经常不断地来往于同一方向的商旅人群为自己开辟的道路。当然，如果仅是形态学范畴的现象有这种固定性，则我们可以认为它们是一个特别类。但是，一条法律条文，是一个持久性不亚于建筑形式的规定，但又是一种生理学事实。简单的道德格言当然软弱无力，但是它的形式要比简单的职业习惯或时尚强大得多。另外，还存在着一系列中间阶段，使特点十分明确的结构上定型的事实同社会生活中尚无固定形态的未定型事实密切地结合在一起。因此，定型的事实与未定型的事实之间，只在各自表现出来的稳定程度上有所不同，两者都是结晶化了的生活，只是结晶化的程度有高有低。当然，对于关系到社会实体的社会事实保留形态学的这一修饰语可能是有益的。但要有一个条件，即不能忘记这些社会事实在性质上是彼此一致的。至此，如果我们对社会事实作如下界说，这个定义就包括了它的全部内容：一切行为方式，不论它是固定的还是不固定的，凡是能从外部给予个人以约束的，或者换一句话说，普遍存在于该社会各处并具有其固有存在的，不管其在个人身上的表

现如何，都叫做社会事实[1]。

① 人体与其结构，即人体与其器官及其功能的这种密切关系，不难在社会学上确定下来，因为这两个外项之间，存在着一系列可以直接观察并证明两者之间有联系的中项。生物学就没有这样的手段。但可以认为，社会学在这方面使用的归纳法也可以用于生物学，在有机体中也和在社会中一样，这两类事实之间只有程度上的差异。

第二章　关于观察社会事实的准则

第一条也是最基本的规则是：要把社会事实作为物来考察。

一

当新出现的一种现象成为科学的研究对象时，它们就不仅早以感知的形象，而且早以某种大致定型的概念存在于人的头脑。在物理学和化学一些基本原理形成以前，人们就已经对物理、化学现象有了超过纯感性认识的知识了，比如那些混在各种宗教里的有关观念。这就是说，实际上物在人脑中的反映先于科学，而科学只是更有系统地利用反映所得的材料而已。人如果不对其周围的事物形成一套用以指导自己行为的观念，就无法生存于这些事物之中。然而，由于这些观念比它们所对应的实在更近于我们，更便于我们理解，所以，我们自然倾向于以观念来代替实在，甚至把它们作为我们思考、推理的材料。我们不是去观察、描述和比较事物，而只满足于解释、分析和综合自己的观点；我们用思想的分析去代替实在的科学分析。当然，这种分析并不一定排除各种观察，可以借助事实去证明这些观念或根据它们所得出的结论。但是，事实的介入这时只起次要的作用，事实是作为例子或证据被引用，

而不是科学的对象。科学是由观念到物,而不是由物到观念。

显然,这种方法不能得出符合客观实际的结果。实际上,这些观念或概念,不管人们给它们以什么样的名称,都不是事物的正当的代替者。它们产生于日常的经验,其主要的目的是使我们的行为与周围世界相协调,它们既是由实践形成,又是为实践而形成。然而,人关于物的表象,即使在理论上是错误的,也能成功地完成这个任务。哥白尼早在几百年前就已经清除了人们关于天体运行的错觉,可是我们平常还是根据这种错觉来安排我们的时间。要使一种观念顺利地引起事物本性所要求的运动,并不一定需要它忠实地反映该事物的本性,只要它能使我们感觉出该事物是有益的还是无益的,对我们会有用还是无用就足够了。然而,如此形成的观念只能近似地,而且也只能在大多数情况下表示出上述的实在的正确性。它们的失误和失当同样多!因此,无论用什么方式去形成观念,都永远不能发现实在的规律。这种观念好像是摆在我们与物之间的一层隔膜,我们越以为它是透明的,就越看不见物。

这样的科学不仅失去了根干,而且无法得到赖以生长的营养,它刚一产生出来就枯萎了,可以说是变成了方术。实际上,由于人们把这些观念和现实混淆起来,所以,这些观念就被认为是包含了现实中全部本质的东西。于是,似乎这些观念里就包含了不仅使我们能够理解现实存在的事物,而且能够使我们规定应该存在什么和它们的存在手段所需要的一切。因为认为符合事物本性的东西是正确的,违反事物本性的东西是错误的,使力求正确而避免错误的手段同出于事物的这一本性,所以,当我们一下子抓住事物这

个本质时，再继续研究实在的事物就不再有实际用处了，而这个用处却是这种研究的存在理由，以致这种研究今后也就没有目标了。这样，我们的思考就会离开属于科学研究对象的东西，即离开过去和现实而企图一跃奔向未来。我们的思考不是设法去理解既有和现有的事实，而是企图去直接完成那些更加符合人们所追求的目标的新事实。当人们自以为懂得了什么是物质的本质时，马上就会去寻找点金石[①]。方术对科学的这种僭越阻碍着科学的发展，而激发人们的科学思考能力的环境则给这种僭越提供方便。因为科学的思考只是为了满足生活上的需要而产生的，所以它一旦产生，自然要面向实践。科学的思考负责解决问题的需要总是迫切的，所以立即要求科学的思考去满足，但是它要求满足的不是让科学的思考作出解释，而是让科学的思考提供解决办法。

这样的科学态度十分符合人们精神的自然倾向，以致在自然科学诞生的时候就被采用了。使炼金术和化学区别开来、星相学和天文学区别开来的，也是这种科学态度。培根在指摘其同时代的科学家们所使用的并遭到他反对的方法时，也采用了这种态度。我上面所说的观念，也就是培根所说的通俗观念（notiones vulgares）或预断观念（prae notiones）[②]，他指出这两种观念是一切科学的基础[③]，用它们代替了事实[④]。这些都是假象（idola），即是一种使我们对事物的真相产生幻视而误认为事物本来就是这样的幻

① 中世纪的炼金师们一直在寻找这种可以点石成金的石头。——译者

② 见《新工具》(Novum organum)I，第 26 页。

③ 同上书 I，第 17 页。

④ 同上书 I，第 36 页。

影。因为这种幻境在我们的头脑中没有遭到任何抵制，所以我们不觉得有任何束缚，觉得自己力大无比，以为单靠自己的力量就可以随心所欲地建设、或更确切地说改造世界。

既然自然科学的情况都是这样，那么社会科学就更不用说了。在社会学产生以前，人们就形成了关于法律、道德、家庭、国家和社会本身的观念，没有这些观念，人们就无法生活。尤其在社会学里（再次借用培根的话来说），这种预断的观念能够支配人们的思想和代替事物。实际上，社会上的事情只有通过人才能实现，它们是人的活动的产物。因此，它们无非是我们先天或后天的观念的实现，无非是观念在与人的相互关系并存的不同环境中的应用。家庭、契约、刑罚、国家、社会等的建立，就是作为我们关于社会、国家、司法等观念的简单发展而出现的。因此，这些事实以及类似的事实，都似乎只有在人们的观念中，并通过人们的观念才具有实在性。人们的观念是这些事实的根源，从而成为社会学研究的固有对象。

这种看法之所以确立起来，是因为社会生活的细节无处不超越人们的意识，而意识却没有足够的能力去感知这些细节的实在性。由于我们的感知没有同社会生活建立起相当牢固而直接的联系，所以社会生活的一切细节极易给我们留下完全没有固定的、虚无缥缈的印象，成为真真假假，捉摸不定的东西。正因为这样，才有那么多的思想家把各种社会组织看成是人为的、甚至是恣意的结合。虽说我们没有抓住社会生活的细节及其具体的和个别的形式，但我们至少可以大致地、近似地再现出集体生活的最普遍的侧面。而正是这种简单而粗略的再现，形成了我们在日常生活中所

使用的预断观念。于是，我们怀疑这些预断观念的存在的想法也不可能有了，因为我们在发现自己存在的同时就发现了它的存在。它不仅与我们并存，而且是一种反复实践的产物，所以通过反复和积习便具有了一种影响力和权威。当我们力图摆脱它时，就感到它在抵抗。于是，我们不能不把抵抗我们的东西看作是实在的。因此，这一切都在促使我们把它看作是真正的社会实在。

实际上，时至今日，社会学所专门研究的几乎都是概念，而不是物。不错，孔德说过，社会现象就是服从于自然规律的自然事实。从这句话来看，他隐含地承认了社会现象是物，因为自然界中存在的只有物。但是，当他脱离这种哲学概括，试图运用自己的原理并使科学摆脱这种哲学概括时，他还是把观念作为研究的对象了。实际上，他的社会学研究的主题是：人类从古至今的进步。出于这种观念，他认为人类的不断进化就在于人类本性的不断完善。而他所研究的问题就是发现这种进化的程序。但是，假如存在着这种进化，那它的实在性也只是在科学一经成立后才能得到证实。因此，如果要把进化作为社会学研究的对象，只有把它作为一种思想上的观念，而不是作为一种物来对待才行。实际上，这完全是一种主观想象，而人类的这种进步其实是不存在的。所存在的和唯一可以观察到的，是各有其生、兴、亡过程的各自独立的社会。如果说在这种生、兴、亡过程中总是新的社会接续旧的社会，那我们可以把每一种新的社会形式都视为它所继续的旧的社会形式的简单重复，只是比前者增加了某些内容而已。因此，我们可以把所有的这些社会形式一个一个地连接起来，也就是说把处于同一发展程度的社会组成一个系列，或许可以认为这个系列代表着人类的

进步。但是,事实的表现并非如此简单。一个民族代替另一个民族,不是使后者增加某些新的特点的简单延续。它已是另一个民族,它的某些特性比原来多了,而另一些特性则比原来少了。它组成一个新的个体,而所有这些单独的个体,由于各具有不同的特性,所以不能把它们作为同样的个体排列成一个连续不断的系列,尤其不能把它们排列成一个唯一的这种系列,因为社会的相继发展不是以几何直线的形式出现,而更像一棵向四面八方分枝的大树。总而言之,孔德关于社会发展的观念是他自己制造的,与通常人的粗陋之见并无多大差别。实际上,不仔细观察,很容易把历史的发展看成是这样简单的连续系列。只看到了一代接着一代世世相传并因本性相同而走在同一方向的个人。而且,由于人们以为社会的进化只是人类的某种观念的发展,所以,用人类关于进化的观念来界定社会进化,就是很自然的了。然而,这样一来,不仅要停留在观念的范围之内,而且会把与真正的社会学毫不相干的概念作为社会学的研究对象。

斯宾塞先生倒是排除了这个概念,但他是为了用以同样的方法形成的概念来取代这一概念。他是把社会,而不是把人作为社会学的研究对象。但在他随即对社会下的定义里,却是以他对社会所作的预断代替了他所说的物。实际上,他是把"一个社会,只有在人人共处并合作的时候才能存在",即只有这样,人人的联合才能成为真正的社会[①]这一原理作为一个明确的命题提出来的。

① 见斯宾塞《社会学原理》(The Principles of Sociology)法文本第3卷,第331—332页。(1882年英文版,II,第244页。——译者)

然后，他从合作是社会生活的本质这一原则出发，根据在社会中占有支配地位的合作的性质，把社会分为两类。他说："一种是自发的合作，它是在追求个人目的过程中进行的，但事先并没有做任何安排；另一种是有意识地组织起来的合作，它以追求人们明确公认的公益为目的。"[①]他称第一类为工业社会，第二类为军事社会。我们可以说，这种划分是斯宾塞的社会学的主体思想。

然而，这个初步的定义把仅仅是一种精神上的东西当作了一种物。实际上，这个定义只是表达了我们可以直接看到的，并用观察可以充分证实的事实，而且，在这门科学建立之初，就把这样的表述作为一项定理规定下来。但是，我们不可能通过简单的考察而知道合作真是社会生活的全部内容，只有先从考察集体生活的一切表现开始，而后证明这些表现都是合作的各种不同形式，这样的断言才是科学的和合理的。因此，这也是用一种特定的观察社会现实的方法代替了社会现实本身[②]。如此下的定义不是社会的定义，而是斯宾塞先生关于社会的观念。斯宾塞先生之所以如此轻率地下定义，是因为他认为社会只是而且只能是一种观念的实现，即他给社会下定义时使用的合作的观念的实现[③]。由此不难看出，他处理每一个单独问题，都采用同样的方法。因此，虽然看来他是在采用经验主义的方法，但由于他的社会学所收集的事实

① 见斯宾塞《社会学原理》(*The Principles of Sociology*)法文本第3卷，第332页。(1882年英文版，II，第245页。——译者)

② 而且，这种方法也可能是有争议的(见《社会分工论》第二编第2章第30节)。

③ 没有社会就不能有合作，这也是社会存在的目的。(见《社会学原理》法文版，III，第332页，英文版，II，第244页。——译者)

主要是用来佐证他所作的观念分析，而不是用来说明和解释事物的，所以，最多只能把这些事实看成是一种论据。实际上，他的这套理论的全部实质性东西，都可以根据他对社会和不同合作形式所下的定义直接推断出来。其实，如果我们只能在专横地强加于我们的合作和自由的、自发的合作之间进行选择，则显然后者是人类所追求的和应当追求的理想。

这些通俗的观念不只见于科学的基础理论，而且也常常被用于一切推论。我们目前的知识水平，还不能使我们确切知道何谓国家、主权、政治自由、民主、社会主义、共产主义，等等。因此，只要这些概念尚未科学地形成，我们就不要使用它们，乃是方法论之所望。然而，表达这些概念的词语，都常在社会学家们的议论中出现。他们使用这些语词时显得那么自然、自信，好像它们所表达的是一些人所共知的、已经确定了的事物似的。其实，它们只能使我们产生一些模糊的，由一些隐隐约约的印象、偏见和情感混杂起来的含混不清的观念。今天，我们嘲笑中世纪的医生以他们的冷、热、干、湿等观念所作的怪谲论证，但没有发现我们还在用同样的方法，去解释一批由于性质特别复杂而使方法本身无能为力的现象。

在社会学的一些专门学科里，这种观念性特点尤其明显。

伦理学方面尤其如此。实际上，可以说没有一个体系不是把道德看作是内含道德的一切能力的初始观念的简单发展的。这种观念，有的人认为是人生来具有的，有的人则认为是在历史的发展过程中逐渐形成的。但是，不论是前者还是后者，不论是经验论者还是理性主义者，都认为这种观念是道德领域真实存在的东西。

至于法律和道德的一切准则，可以说都不是为自身而存在的，而只是将这一基本观念运用于生活的各个具体场合，并视情况而将它多样化而已。这样，伦理学的对象就将不是一套缺乏实在性的箴言，而是作为这一套箴言的基础和表示这一套箴言的不同运用的观念了。因此，通常伦理学所提出的问题，就不是与物有关，而是与观念有关了。问题是要知道什么是法律观念，什么是道德观念，而无须知道道德与法律本身具有什么性质。伦理学家们至今尚未形成如下这种十分简单的看法：正如我们对于可感知的物的表象是来源于这种物本身，并相当准确地反映着该物一样，我们对于道德的表象则是来源于我们现行的道德准则的作用本身，并概括地体现着它们；因此，跟物理学的研究对象是存在着的物体，而不是庶民百姓关于物体的观念一样，伦理学研究的材料是这些道德准则，而不是我们关于道德的粗浅看法。由于没有达到这样的认识，人们就把只能作为道德的末节的东西，即道德在个人意识中持续存在并欲长期留存的方式作为道德的基础了。而且，这种方法不仅被用于伦理学的最一般问题，同样也适用于那些特殊问题。伦理学家由研究一些基本观念开始，转而研究关于家庭、祖国、责任、仁爱、正义这些第二性的观念，但他们倾心思考的依然是基本观念。

在政治经济学方面也是如此。斯图尔特·密尔说，政治经济学的研究对象，是主要或专门为了获得财富而发生的社会事实[①]。

① 见《逻辑体系》，法文版，III，第496页。（1872年英文版，第2卷第496页。——译者）

但是，为了使这样定义的事实能够作为物供学者观察，至少应该指出根据什么标记才能辨认出完全符合这种条件的事实。然而，政治经济学在其诞生之初，甚至没有权利断定存在着这种事实，更不可能知道它是什么样的了。实际上，在任何一项研究中，只有在对事实的解释达到一定地步时，才可能确定事实有其目的和它的目的是什么。十分复杂的问题没有可以立即找到解决办法的。可见，没有什么东西可以使我们事先确信，存在一种确实由追求财富的欲望在其中起着这种决定性作用的社会活动。因此，被这样理解的政治经济学的对象，就不是由可以摸得到的实在东西构成，而由全系推测的东西，由纯属头脑创造的概念，即由被经济学家理解为合乎其设想的目的并以所理解的原貌出现的事实构成。例如，请看他是怎样着手研究被他称之为生产的这个问题的。他以为一下子就可以列举出生产得以进行的一切主要因素，并对它们进行考察。也就是说，他没有观察他所研究的物是依据什么条件而存在的，就确认了这些因素的存在，因为这时他要从阐述他据以得出这一结论的各项经验开始。即使他在研究之初对这种列举作了简要解说，那也是以简单的逻辑分析进行的。从生产的观念开始，经过对这个观念的分析，他发现生产的观念与自然力、劳动、工具或资本的观念有逻辑上的联系；然后，他又以同样的方法去研究这些派生的观念[1]。

在所有的经济学理论中，价值论是最基本的理论，而这种理论

① 经济学家们的一些用语，都表现出这种特点。他们经常提到的观念，有效用、储蓄、投资、消费等。（见纪德《政治经济学原理》第3卷，第1章第1节，第2章第1节，第3章第1节。）

也显然是依据这样的方法建立起来的。如果经济学家像研究实在的东西那样去研究价值,那我们就会发现,他首先要指出怎样可以认识被称为价值的这种物,然后将它们分类,再根据它们出现差异的原因进行有系统的归纳,最后通过比较其不同结果得出一般的公式。由此可见,只有科学达到足够的高度时才能形成理论。然而,经济学家不是这样,他们是先制造理论,然后进行科学研究。而为了制造理论,他们只满足于冥思苦索,想出一个他们认为可以成为价值的东西,即可以互相交换的东西的观念;他们发现价值的观念与效用、稀少等的观念有着密切的联系,并用他们的分析所得的这些产物作出了价值的定义。当然,他们还用一些实例去证明这个定义。但是,如果想到这样的理论应当解释的事实是不可胜数的,那么,怎么能够承认偶然拿来作证的、必然是十分稀少的事实具有哪怕是最小的论证价值呢?

可见,也像在伦理学那里一样,在政治经济学当中,科学研究所占的部分不大,而技术的部分则占优势。在伦理学方面,理论部分只限于对义务、善和权利的观念进行某些讨论。而且这些抽象的讨论,严格说来也算不上科学,因为这些讨论的目的不是审定现实存在的最高道德准则实施得怎样,而是规定最高道德准则应该是什么。同样,在经济学家的研究中占重要位置的,则是弄清楚诸如:社会应该是按照个人主义者的想法来组织,还是按照社会主义者的想法来组织;国家干预工商业活动好呢,还是完全让个人发挥其创造精神好;货币制度应该是单本位制还是复本位制,等等问题。在这里,真正的规律是不多的,就是那些人们习惯上所称的规律也普遍名不副实,不过是行为的准则或貌似规律的实践箴言而

已。比如,有名的供求规律就是如此。它绝不是作为经济现实的表现而归纳出来的。从来就没有一种经验、一种可信的比较曾经证明经济关系实际上是遵循这个规律运行的。人们所能做到的一切和已经做到的一切都在辩证地证明,个人要想大获利益,就应该按照这个认识行动,其他任何做法都是有害的,而且会因别人采用这个做法使自己吃亏。从逻辑上讲,生产效率最高的工业部门将是人们最愿意经营的部门;需求最大而稀少的产品的持有者,将以最高的价格出售其产品。但是,这个纯属逻辑上的必然性,与真正的自然规律的必然性毫无共同之处。真正的自然规律所表现的是真正使事实联系起来的关系,而不是按照人们的希望使事实联系起来的关系。

以上关于供求规律所述的一切,也可适用于被正统经济学派称为自然规律的,其实只是供求规律的特殊情况的一切规律。如果你愿意的话,把它们提示的用以解决预定目的的手段看成是自然的或貌似自然的,则称它们为自然规律亦可。但是,如果用自然规律去解释用归纳法确立的自然存在的一切方式,又不应该称它们是自然规律。总之,它们只是实践智慧总结出来的忠言,即使它们能够或多或少地反映现实本身,那也是因为:不管正确与否,人们原以为可以假定这些忠言在一般情况下实际上会被大多数人所遵循。

然而,社会现象是物,而且应该把它们作为物来研究。为了证明这一命题,既不必对社会现象的本性进行哲学思考,又不必就社会现象与其他现象的异同问题展开讨论。只要确认社会现象是社会学家的唯一实物论据就够了。实际上,凡是供我们观察的一切,凡是呈现在我们面前的一切,或更确切地说,凡是要求我们观察的一切，都是物。把社会现象作为物来研究，就是把社会现象作为构成社会学研究的出发点的实物论据来研究。社会现象无可争辩地具有这种特性。供我们观察的材料不是人们关于价值的观念（因为价值是无法观察的），而是在经济关系中实际进行交换的价值；不是这样或那样的关于道德的概念，而是真正决定人们行为的全部道德准则；不是关于效用或财富的观念，而是关于经济组织的全部细节。可以认为，社会生活是某些观念的发展，但作了如此假定，这些观念也就不是直接的实物论据了。人们不能直接获得这些观念，而只有通过表现这些观念的可感知的现实来获得。我们不能先验地知道反映着社会生活的各种不同的潮流，而只是沿着潮流上溯到源头以后，才能知道它们来源于什么观念和是否有这种观念。

因此，我们应该使社会现象与在头脑中把它们表象出来的主体分开，而对社会现象本身进行考察。我们要把社会现象作为外在的物从外部来研究，因为它们本来就是作为这样的东西呈现在我们面前的。虽说这种外在性只是一种错觉，但这种错觉会随着科学的发展而消失，也可以说是人们将体验到外部的东西进入内部的过程。但是，最终的结果无法预测，甚至最后当社会现象没有表现出物的一切固有特性时，我们也得一开始就把它们当作是具有这种特性的东西来研究。因此，这一准则毫无例外地适用于全部社会现实。甚至那些看上去显然是人为的现象，也应该以这种观点去观察。一种常规或建制的契约性永远不应该事先规定。[①]

① 这是迪尔凯姆对霍布斯和卢梭的社会契约论的批判。参阅本书第五章之四。——译者

再说，如果让我援引自己的经验，我可以担保说：在采用这种方法时，人们只要看到表面上看来最变化无常的事实，经过周密认真的观察后而具有象征其客观性的稳定性和规律性的特点，就往往心满意足了。

而且，一般说来，上述的关于社会事实的明显特征的论述，已足以使我们相信这种客观性的性质，以及证明这种客观性并非错觉。实际上，人们在认识一个物时，主要要依据它不以人们的简单愿望而改变这个特征。这不是说物是一成不变的。但是，要使物发生变化，单有愿望是不够的，还必须付出一些辛勤的努力，因为物要进行反抗，而且我们不一定总能战胜这种反抗。结果我们发现，社会事实都具有这样的属性。它们非但不是我们的意志的产物，反而从外部决定着我们的意志。社会事实好像是铸模，我们的行为必须由此铸造出来，甚至这种必然性往往是我们所不能逃避的。即使我们经过努力战胜了它，我们所遇到的反抗力也足以说明，我们面临的那个事实是不以我们的意志为转移的。因此，我们在把社会现象作为物来研究时，只能适应它们的性质。

说到底，社会学所要进行的改革，在各个方面都同近三十年来使心理学发生了变化的改革一样。如同孔德和斯宾塞先生承认社会事实是自然的事实，但并没有把社会事实作为物来研究一样，各经验学派长期以来均承认心理现象的自然性，但在研究心理现象时却依然采用纯观念论的方法。实际上，经验主义者与他们的反对者并没有不同，都完全用的是内省法。然而，我们不能全凭自身的经验去观察事实，而且以这种办法观察到的事实也是很少的、转瞬即逝的、变化无常的，以致不能对我们早已在习惯上形成的关于

该事实的观念产生影响和发号施令。因此，当习惯上形成的观念受不到其他制约时，就再没有什么东西与之抗衡了，于是取代事实而成为社会学研究的对象了。无论是洛克还是孔狄亚克，都没有客观地研究心理现象。他们所研究的不是感觉，而是关于感觉的一定观念。因此，虽然他们在某些方面为科学的心理学的诞生做了准备，但只是在很久以后，当在人们终于认识到意识的状态可以并且应该从外部，而不是通过感知意识状态的意识观点来观察的时候，科学的心理学才真正诞生了。这是心理学研究上完成的一次伟大的革命。至于所有的特殊办法，使这门科学丰富起来的所有新方法，都只是更加全面实现这一基本思想的不同手段而已。这也正是社会学应当取得的进步。社会学应该从它还没有摆脱的主观阶段走出来，而走向客观阶段了。

何况，社会学上的这一过渡，并没有在心理学上那么困难。实际上，心理事实就其本质而言是作为主体状态出现的，甚至好像与主体是不可分离的。因为心理事实本来是内在的，所以似乎只有损害它的本性才能把它说成是外在的。而硬要这样把心理事实作为外在的事实来处理，就不仅要作抽象推理的努力，而且还要有一套办法和技巧。与此相反，社会事实非常自然地和直接地具有物的一切特性。法律订在各种法典之中，日常生活的变迁记载于统计数字和历史文物之中，时尚表现于服饰之上，魅力存在于艺术品之中。它们支配着个人的意识，所以能依据自身性质形成于个人意识之外。因此，把它们作为物来观察就不必想方设法去歪曲它们了。从这一点来看，社会学比心理学具有一种至今尚未发现而且必将促进社会学发展的优势。社会学的事实也许难于解释，因

为它们比较复杂,但与心理事实相比,更容易抓住。与此相反,心理学不仅不容易确定其事实,而且不容易理解它们。因此,我们可以认为,当社会学方法的这一原理被普遍承认和加以实施时,人们将会看到社会学必以当前的缓慢发展所无法想象的速度向前发展,甚至赶上仅仅是由于历史上先行而走在前面的心理学。[①]

二

但是,前人的经验告诉我们,要保证在社会学研究中实际运用方才所确立的真理,只有理论上的论证和思想上的体验是不够的。人们的思想有一种不愿意承认真理的自然倾向,所以不遵从一种严格的规则,就不可避免地要重走过去的老路。下面我来论述这一规则的主要准则,把它们作为前节所述的定理的亚定理。

(一)这项亚定理的第一条是:必须始终如一地摆脱一切预断。无须对这条准则作专门的论证,它是我在前面所作的全部论述的结果。此外,它也是一切科学方法的基础。笛卡尔的方法论怀疑实际上只是对这一条准则的运用。笛卡尔在创立其科学方法时之所以规定了一条要怀疑他先前所接受的一切观念的原则,是因为他只想用有科学根据的概念,即根据他创立的方法确定的概念。因此,其他来源的一切概念均应抛弃,至少暂时要抛弃。我们已经

① 不错,社会事实的十分复杂性使社会学遇到的困难更多了。但是,它也可以得到补偿。确切地说,因为社会学是一门新兴学科,它可以得益于其他学科已经取得的进步,并从其他学科中得到启迪。社会学要加快发展,这种利用现成经验的办法是必不可少的。

看到，培根的假象论也不外具有这种意义。这两个经常彼此对立的伟大学说在这一点上却是一致的。因此，对于社会学家来说，无论是在确定自己的研究对象时，还是在进行论证的过程中，都必须绝对禁止使用科学之外的和不是为科学所需要而制造的概念。他们应该从支配群氓思想的明显谬误中解脱出来，彻底打破日积月累而最后套在他们脖子上的经验范畴的枷锁。万一不得不利用这一范畴时，至少应该意识到它是没有多大价值的，以便不让它在学说中起到它不该有的作用。

但是，在社会学上，由于感情的参与，打破这个枷锁特别困难。实际上，我们在政治信仰、宗教信仰和道德规范方面表现出的热情，与我们对物质世界的事物表现出的热情是截然不同的。因此，这种感情上的特点影响着我们对政治信仰、宗教信仰和道德规范的认识和理解的方式。我们对于政治信仰、宗教信仰和道德规范形成的观念同它们所代表的客体一样，深深地印在我们的脑中，并具有一种不容反抗的权威。凡与此相反的观点，均被视为寇仇。比如，一种与人们已经形成的爱国精神或个人尊严的观念不一致的主张，无论它有何根据都会被否定。人们不会承认它是真实的，只会拒绝它，而不让主张者表白。而且人们要为自己辩解的情感，不难提出一些大家难以推翻的理由。这些观念甚至能有一种拒绝接受科学检验的威力。只要对它们所支配的事实和它们所指的现象进行冷静严格的分析，就会使某些人感到不快。在这些重视感性的人看来，一切试图把道德作为外在的现实从外部加以研究的人都缺乏道德感，就像常人把活体解剖家看成是缺乏通常的人性一样。人们非但不承认感情属于科学的研究范畴，反而认为，要对

与感情有关的物作科学研究，必须求助于感情。一位能言善辩的宗教史学家写道："一个学者在他研究神的事情之前，却没有在意识的深处，在有祖先的灵魂安息的、使自己的存在不灭的秘府，建起香烟缭绕的未名神殿，写下一行赞美歌，听到自己在孩童时期仿效自己的哥哥向上苍喊出的使自己突然间与苦口的预言者感性交流起来的悲痛的或胜利的呼声，真是太不幸了。"①

这种神秘学说，同一切神秘主义一样，实际上只是一种伪装了的经验主义，是对全部科学的否定，无论怎样反对它都不算过分。对于社会事物的感情与其他方面的感情相比，没有特别优越之处，因为它们的根源是相同的。它们也是在历史上形成的，是人的经验的产物。然而，这个经验是混杂的、不成系统的。它们不是来自于一种我也不清楚的关于现实的先验的预感，而是随着环境的变迁偶然地、杂乱无章地积累起来的、没有加以有系统的解释的全部印象和感受的结果。它们并非没有向我们提供高于理性之光的光明，反而在我们面前呈现出一种确实强大的、但完全是混乱的状态。如果赋予这样的感性以优越性，那就等于承认低智力优于高智力，等于强迫自己做强词夺理的空谈。这样构成的科学只能满足那些愿意通过感觉而不愿意通过悟性来思考问题的人。这种人宁愿作感性的直接而含糊不清的综合，而不愿作理性的耐心细致而明晰的分析。感情是科学研究的对象，而不是科学的真理的标准。再说，没有一门科学在它诞生之初没有遇到类似阻力。有过

① 见达姆斯特泰尔(J. DARMESTETER)《以色列的预言家们》(Les Prophètes d'Israël)第 9 页。

这样一个时期:人们关于物质世界的事物的感情,由于本身具有宗教和道德的特性而曾经成为创立物理学和化学的不小阻力。因此,我们可以相信,相继被各门科学所驱除的这种偏见,最终也会从它的最后避难所——社会学中消失,而使社会学家获得自由活动的场所。

(二)但是,上述这条准则完全是消极性的,它只教给社会学家摆脱通俗概念的控制,把注意力转到事实上来,而没有说明社会学家应该怎样去抓住事实作客观的研究。

任何一项科学研究,都有一群符合同一定义的现象。因此,社会学家的第一步工作应该是界说他所研究的事物,以使自己和他人知道他在研究什么。这是一切论证和检验所最不可缺少的首要条件。实际上,一种理论只有在人们确认了它所应解释的事实时才能对它进行检验。另外,由于科学的研究对象本身是根据这一基本定义规定的,所以这个对象究竟是不是科学所研究的,则随这个基本定义而定。

为使这个基本定义成为客观的,显然不能根据人们的观念来表达现象,而应根据现象本身固有的特性来表达之。这个基本定义确定现象的特点的依据应该是现象的性质的组成因素,而不应该是现象与人们关于它的比较理想的观念的一致性。可是在刚刚开始研究的阶段,我们还没有对事实作任何分析时,我唯一能触及的事实的特点是那些只能直接观察到的外在的特点。而那些深藏在内部的特点无疑是最根本的特点。它们具有很高的解释能力。但是在科学发展的这个阶段,它们还没有被人们认识,只有在人们以某种思想观念代替现实时,才能提前被人认识。因此,我们要从

外在的特点中去寻找基本定义的内容。另外，这个定义显然应该毫无例外地和不加区别地包含具有这一相同特点的全部现象，因为我们既没有任何理由，又没有任何办法从它们当中进行选择。这些特性便是我们对现实的全部认识，所以，在我们以解释方式对事实进行归类时，它们应该起着决定性作用。我们没有任何别的标准可以中止前一标准产生的效果，哪怕是部分地也好。由此得出如下的准则：**只应取一组预先根据一些共同的外在特征而定义的现象作为研究的对象，并把符合这个定义的全部现象收在同一研究之中**。比如，我们可以找到某些具有所有这种外部特征，而一经完成就必然引起社会对它们作出我们称之为“惩罚”的反应的行为。我们把这些行为归为一个特别的(sui generis)类，并给它加上一个共同的名称，称一切受到惩罚的行为为“犯罪”，把如此定义的犯罪作为一个专门学科即“犯罪学”的研究对象。同样，在至今已知的所有社会里，我们都可以看到其中存在着局部社会，从其外在特征可以断定，它们是由具有血缘关系(大部分是这样)并相互用法律纽带联系在一起的个人组合而成的。我们把带有这种关系的事实专门归为一类，并冠以一个专门名称，称之为家庭生活现象。我们称所有这类集合体为家庭，而把如此定义的家庭作为专门研究对象，但这样的研究在社会学的术语里还没有确定的名称。以后当人们从研究一般家庭过渡到研究不同类型的家庭时，也会采用同样的准则。例如，当人们着手研究氏族、母系制家庭或父系制家庭时，就得首先按同样的方法给它们下定义。我们研究任何问题，不论是一般问题还是特殊问题，都得按同样的原则来确定其对象。

如果社会学家掌握了这种方法，那他一开始就能直接立足于现实之中。实际上，这样划分事实的方法并不取决于社会学家本人，即不取决于他的特殊才智，而取决于事物的本性。我们把事实划归这样或那样的范畴所依据的标志可以公之于众并得到众人的承认。一个人经过观察得出的判断亦可以由别人检验。当然，这样形成的观念并不总是或完全不能与人们通常的观念一致。比如，显而易见，自由思想或违犯礼仪的行为，在许多社会里是要受到正规而严厉的制裁的，但就常识而言，不能被看作是对该社会的犯罪。同样，氏族也不是通常所说的家族。但这并不重要，因为问题在于：我们不是要简单地发现一种方法，使我们能够相当准确地找出日常用语及其所表现的观念所指的事实。我们所需要的是，创造一组适合于科学需要并借助专门术语表达的新概念。当然，这并不是说通俗的概念对于学者毫无用处；不是的，它们是一种指示器。通过这一指示器，我们可以知道以同样名称结合在一起，从而必然具有共同的特性的一群现象存在于何处，并且因为它始终要与现象有着一定的联系，所以它有时可以大致向我们指出应该到何处去寻找这群现象。但是，由于通俗概念的形成是很粗糙的，所以，它们自然不可能与由于必要而创造的科学概念完全一致①。

这条如此明确而重要的准则，竟丝毫没有被社会学所遵守。

---

① 在实际工作中，我们总是先使用通俗概念和常用字词。我们要在这些字词模模糊糊所指的事物中寻求哪些是具有共同的外在特征的。如果存在着这样的事物，如果由这样相近的事实的组合而形成的概念即使不是完全地（这种情况不多），但至少是大多数与通俗概念相吻合的话，那么，我们就可以继续用通俗概念所用的字词来表达这些相近的事实，并在社会学中保留日常用语中的字词。但是，如果两者之间差距很大，如果通俗概念和大多数应当区分的概念相混淆，那就必须创立新专门术语了。

这是因为社会学所讨论的诸如家庭、财产、犯罪等问题都是我们常挂在嘴边上的，以致社会学家往往认为不用给它们预先下一个确定的、严格的定义。我们已经习惯于使用这些在我们日常会话中反复出现的词语，以致觉得不用明确通用的词语的词义了。人们只是按照这些词的一般意义去使用它们。但它们往往是多义词。这种一词多义使人们把实际上极不相同的事物冠以相同的名称，并作相同的解释，因而造成难以理清的混乱。比如，有两种一夫一妻制；一种是事实上的，另一种是法律上的。在第一种制度下，丈夫只有一个妻子，而法律可以允许他有几个妻子；在第二种制度下，法律禁止一夫多妻。事实上的一夫一妻制在许多种动物和某些未开化的社会中并不少见，与法律所规定的制度具有同样的普遍性。在野蛮人散居在广阔的大地上时，社会联系极少，每个人各自独立生活的那个时候，每个男人就自然力求得到一个妻子，而且只是一个妻子。因为在那种孤立生活的状况下，一个男人很难有几个妻子。相反，强制的一夫一妻制则只见于较文明的社会。可见，这两种婚姻关系有着截然不同的意义，而人们却对它们冠以相同的名称。比如，人们通常说某些动物实行一夫一妻制，但那里却毫无与法定的义务相似的东西。然而，斯宾塞先生在研究婚姻制度时就是根据通常的含糊不清的意义使用一夫一妻制这个词的，而没有给这个词下一个明确的定义。由此可见，在他看来，婚姻的发展有一种不可理解的反常现象，因为根据他的考察，认为在历史的最初发展时期出现的两性结合的高级形式很快就在中间一个时期消失了，而在这个时期过后，却又重新出现了。他由此得出结论说，在社会的全体进步与家庭生活不断向完美形式的发展之间，不

存在规律性的关系。如果他的定义恰当，也许会避免这种错误[①]。

在其他研究中，人们也很注意界定他们所研究的对象。但是，他们不是把具有相同的外在特征的一切现象都收于同一定义之下，归类于同一名称之下，而是在其中进行挑选。他们从中选出若干所谓的精英，即被他们认为是独具这种特征的现象。至于其他现象，则被认为是僭取了这种明显的特点，不在入选的考虑之内。但不难预见，采取这样的办法只能得出主观的、不完全的观念。其实，这样的选择法只能根据先入之见来进行，因为在科学的起始，任何一项研究都还来不及制定这种僭取办法——即便这种僭取是可能的。被选出的现象仅仅是因为它们比其他现象更符合他们对于这种现实形成的理想观念才当选的。比如，加罗法洛先生[②]在他的《犯罪学》一书中，一开始就极力地证明，这门科学必须以"犯罪的社会学观念"[③]为出发点。但是，他在确定这个观念时却没有不加区别地比较不同社会里由于法的惩罚而受到遏制的一切行为，而仅仅是选择了其中某些行为，即拿违背了道德感的通常的、不变的部分行为作比较。至于因时代的发展而已经消失的道德情感，在他看来，它们没有扎根于事物的本性，因为它们未能存在下来。因此，那些因违背这种道德情感而被认为是犯罪的行为，只能在偶然的、或多或少病态的环境下被称为犯罪。但是，他这种取此

---

① 同样，由于没有恰当的定义，曾使人们有时认为，民主制度也是出现于历史发展之初和其末的。但实际上，最初的民主制度和我们今天的民主制度是有很大的差别的。

② 加罗法洛(Garofalo，Raffael，1851－1934)，意大利法学家，意大利犯罪学派的创立人之一。——译者

③ 见《犯罪学》(Criminologie)第2页。(1888年法文版。——译者)

去彼的选择完全是按照他个人的道德观念进行的。他的出发点是:认为道德的进化在其最初和以后都伴有各种杂物和不洁之物,后来才被逐渐排除,而到了今天,才达到排除最初妨害其前进的一切偶然因素的地步。但是,这项原则既不是自明的公理,又不是已被证明的真理。它只是没有得到任何证明的假说。道德感的可变部分扎根于事物的本性的程度不亚于不变部分。前者发生的变化只表明物本身发生了变化。在动物学里,不能认为低等动物的特殊形态不如在动物进化系统的各个阶级重复出现的形态更符合自然。同样,在原始社会被非难为犯罪,而后来不再被这样认为的行为,与今天我们仍在继续惩治的行为完全一样,对这个社会而言是地地道道的犯罪。前者符合社会生活的可变条件,后者符合社会生活的恒定条件。但无论是哪方面,都不比另一方更符合自然。

再则,当这些行为被不当地赋予犯罪学的性质时,也不应该把它们同其他行为彻底分开,因为一种现象的病态形式并不具有常态形式具有的那种性质,从而要确定这种性质,既必须考察前者,又必须考察后者。疾病与健康并不是完全对立的,它们是同一属中的两个变种,互为对照。这条准则无论在生物学上还是在心理学上,长期以来都得到人们的承认并被应用,所以也同样应当得到社会学家的尊重。如果不承认同一种现象有时可以由这一原因引起,有时可以由那一原因引起,也就是说,如果不否定因果定律,那么,以异常方式使一种行为具有了明显的犯罪特征的原因,就不可能与以正常方式造成同样后果的原因在种属上有所不同。两者只在程度上有所不同,或者是因为它们不是在同一个总体环境下出现而有所不同。因此,异常的犯罪仍然是一种犯罪,应该包含在犯罪的定义里。是不是这样了呢？而是像加罗法洛先生那样，把只是属于种的东西或简单的变种列为属了。符合他所下的犯罪行为定义的事实，仅仅是该定义所应包含的罪行的极小一部分，因为他的定义既不包括宗教犯罪，又不包括违反礼节、礼仪、风俗等的犯罪。这些方面的犯罪虽然在我们现代的刑法典里已不再定为犯罪，但在以往社会的所有刑法里都被定为犯罪。

有些学者不承认野蛮人的各种道德，也是犯了同样的方法错误[①]。他们从这样一种观点出发：只有我们今天的道德才是道德。但显而易见，我们今天的道德在原始民族那里是没有的，或者说还只是处于萌芽状态。但是，这样的定义未免太武断了。如果使用我的准则，则一切都得改变。要确定一项戒律是不是道德的，我们应该看它是否具有道德的外在特征。这种特征表现在一种普遍制裁措施上面，即一切违犯戒律的行为受到舆论谴责上面。每当我们遇到具有这种特性的事实，都没有权利否认它的道德之名，因为这表明它与其他道德事实具有同样的性质。但是，此类衡量道德的标准不但见于低级社会，而且更多地见于文明社会。现在任由人们自己决定的许多行为，在低级社会里都是强制性的。可见，没有定义，或者说没有下好定义，什么谬误都可能发生。

但是有人会说：只根据外在特征对现象下定义，不是赋予表面

① 见卢伯克（Lubbock）《文明的起源》（Les Origines de la Civilisation）第 8 章*。——还有人说得更彻底，说古代的宗教是非道德的或不道德的。这种观点也是错误的。其实，古代的宗教有其自己的道德。

* 卢伯克（Lubbock，John，1834－1913），英国人类学家。此书的英文原名的“Origins of civilization”，法译者为巴尔比埃（E. Barbier）。——译者

上可见的特点以比基本属性还重要的优势了吗？不是真正推翻逻辑程序，本末倒置地看待事物吗？比如，用惩罚来给犯罪下定义，那就几乎不可避免地要被人指责说，这是硬要把犯罪看成是由惩罚造成的，或者用一句众所周知的名言说，这是主张到断头台，而不是到应赎之罪中去找受辱的原因。但是，这种指责出自一种混淆。因为我在上面已经指出这个准则的定义是在科学研究之初作出的。所以它不可能以表达现实的本质为目的，而只能使我们将来去达到这一目的。它唯一的职能是使我们能够与各种事物建立联系，而这些事物只能从外部由理智去获取。所以定义也就只能根据事物的外在属性来表达，但并没有由此而对事物作出解释，而只是为我们提供了解释事物所必需的基本依据。当然，不是惩罚造成了犯罪，但犯罪只是由于惩罚才明显地暴露于我们眼前。因此，我们要想明白何为犯罪，必须从研究惩罚着手。

上述的反对意见，只有当这些特征既是外在的，同时又是偶然的，也就是说，当事物的外在特征与其基本特性毫无联系时，才能成立。实际上，在这种条件下，科学指出这些特征以后，就毫无办法向前发展了。它也不可能深入到现实中去，因为表层和底部之间没有任何关系。但是，只要因果定律不是无稽之谈，那么，在被确定的特征毫无例外地同时存在于某一范畴的全部现象之中时，我们就可以肯定，这些特征与这些现象的本性有着密切的联系，并符合这种本质。如果某一类的行为也具有一种与刑事制裁有关的性质，那么，在惩罚与这种行为的结构属性之间就必然存在着一种内在的联系。因此，即使这些属性是表面的，只要对它们进有系统的观察，就会像科学家指明一条更加深入研究事物的途径；它们是科学在随后的解说过程中不断延长的链条中必不可少的第一个环节。

因为事物的外在特性是通过感觉而呈现在我们面前的，所以我们就可以总结说：科学要想成为客观的，其出发点就不应该是非科学地形成的概念，而应该是感觉。科学在最初所下的一些定义，应当直接取材于感性资料。实际上，只要我们想象一下科学事业包括哪些内容，就足以理解科学是不能由别的方法进行的。科学需要能够准确地表达事物的概念，也就是需要表示事物的本来面目的概念，而不需要为了便于实践而想象出来的概念。但那些不是在科学作用之下形成的概念不符合这个条件。因此，科学必须重新创立概念，而要做到这一点，就必须放弃通常使用的观念和表达这些观念的词语，重新回到一切概念的形成所必需的第一手材料即感觉上来。所有的一般观念，不论是正确的还是错误的，不论是科学的还是不科学的，都只能来自感觉。因此，科学的或理论知识的出发点，也不外是通俗知识的或实际知识的出发点。只是以后在加工这些共同的素材时，才开始把两者分开。

（三）但是，感觉很容易是主观的。因此，在自然科学中，以避免使用容易夹杂观察者的个人主观成分的感性材料，而只采用具有足够的客观性的感性材料为准则。比如，物理学家就是用温度计和电位计表显示的可见表象来代替他们对气温与电的模糊印象的。社会学家也应当采取同样的慎重态度，他们在为自己的研究对象下定义时所依据的外在特征应该尽可能是客观的。

原则上可以这样说：社会事实越是充分地摆脱体现它们的个体事实，就越能使人得到客观的表象。

实际上，对于一种感觉来说，它所触及的客体越固定，它就越客观，因为一切客观性的条件，是要有一个固定的、始终如一的、使表象能够联系起来的、能使感觉排除一切变化不定的因素即主观因素的基准点。如果所定的唯一基准点本身就是变化不定的，不断以不同的姿态出现，我们就没有任何一种共同的标准了，我们也就没有任何手段来分辨我们的印象中哪些是取决于外部的，哪些是来自我们主观的。然而，只要社会生活没有摆脱体现它的各个个别事件而自己单独形成时，社会生活就恰恰具有这样的特点，因为这些个别事件随时随地都在改变它们的面貌，而社会生活又与它们不可分离，所以，社会生活就会受到个别事件的流动性的影响而变化不定。这样，社会生活就由永远处于变化之中的、观察家的视线无法一直盯着的自由潮流组成了。这就是说，学者不能从这方面着手研究社会现实。但是，我们知道，社会生活具有一种既使自己保持同一性又能使自己结晶化的特性。集体的习惯除反映它所制约的个人行为以外，还以法律条款、道德准则、民间格言、俗语和社会构造的事实等固定的形式表现出来。由于这些形式是长久存在的，而且不因它们不同的应用而变化，所以它们是观察家们能够经常看到的、不给主观印象和个人所见留下活动余地的固定客体或永恒标准。法律的条款怎么规定就怎么执行，不能对它有两种理解。另外，由于这些社会惯例都是固定化了的社会生活，所以只要没有出现违反这些惯例的情况，则通过它们

研究社会生活就是合理的。[①]

因此，当社会学家试图研究某一种类的社会事实时，他必须努力从社会事实脱离其在个人身上的表现而独立存在的侧面进行考察。我正是根据这一原则，对于社会的团结互助及其不同形式和演进，通过表现它们的一系列法律作了研究的[②]。因此，如果我要根据旅行家、（有时候是）历史学家为我们提供的文学描写来区别不同形式的家庭并将它们分类，我们就有可能混淆最不相同的家庭形式，把相差甚远的家庭类型归于一类。反之，如果我们把家庭的法定结构，特别是继承法作为这种分类的基础，我们就有了一个虽然使我们不能全无错误，但至少可以避免许多谬误的客观标准。[③] 要想对各种不同的犯罪行为进行分类，该怎么办？这时，必须努力恢复各种犯罪环境下采用的生活方式即职业习惯的原貌，从而认识这种习惯以种种形式反映出来的一切犯罪类型。如从风俗和民间信仰入手，我们就得借助于反映风俗和民间信仰的谚语、俗语来进行研究。当然，在这样做的时候，我们要暂时把集体生活的具体内容置于科学之外了，而且不管这种内容如何容易变化，我们都没有权利先验地断定它是不可理解的。但是，如果我们遵循具有科学方法的途径，那就必须把科学的根基建立在坚固的土地上，而不是建立在流沙上。必须从最便于进行科学研究的侧面着

① 比如，可以有理由认为，在一定的时候，当法律不再表示社会关系的真实状态时，这种以惯例代替社会生活的研究就不合理了。

② 见《社会分工论》I，1。

③ 见拙著《家庭社会学入门》(Introduciton à la Sociologie de la Famille)，载1889年《波尔多文学院年鉴》。

手研究社会。将来只有这样，才有可能把研究更加推向深入，再通过循序渐进的作业，逐渐抓住人类智力也许永远不能完全掌握的这个难以抓住的社会现实。

第三章　关于区分正常现象和病态现象的准则

根据前述的几项准则进行的观察，涉及在某些方面极不相同的两种事实：一种是应该是什么就表现为什么的事实，另一种是应该是什么却未表现为什么的事实。前者为正常现象，后者为病态现象。我们甚至认为，作为全部研究的出发点的定义，必须同时把这两种现象包括进去。但是，即使它们在某些方面具有同样的性质，也还是要把它们分为两个种类。科学有可以进行这种区分的方法吗？

这是一个极其重要的问题，因为如何解决这个问题，影响着人们对于科学、尤其是人文科学的作用的看法。按照一种在各个不同学派都有其支持者的理论，科学绝不教导我们应该有什么愿望。据说，科学只知道具有相同的价值和同样的利益的事实，对它们进行观察、解释，但不加评价。也就说，在科学看来，没有什么可以指责的东西。在科学的眼里，不存在善与恶。科学可以清楚地告诉我们原因怎样产生结果，而不能告诉我们应该追求什么样目的。如果不是要知道事物是什么，而且要知道它怎样才合人意，那就得依靠感情、本能、生命力等这些叫什么都可以的无意识的东西的暗示。我们方才提到的一位作者说，科学能把世界照亮，却仍使人们的心灵处于黑暗之中；心灵只能靠自己产生光明。可见，科学没有或者说几乎没有任何实用效力，从而也就没有重大的存在理由了，因为我们掌握了关于现实的知识之后不能使它们在生活中为我们服务，我们何必下力气去认识现实呢？也许有人会说，科学在向我们指出现象产生的原因的同时，也向我们提供了按照自己的意图制造这些现象的手段，从而使我们可以实现我们从超科学的理性出发所要追求的目的。但是，就某一方面而言，任何一种手段，它本身就是一种目的，因为要将一种手段付诸实施，就是指望实现用它才能实现的目的。要达到某种目的，往往有多种途径，所以我们必须从中进行选择。而如果科学不能帮助我们选择最好的目标，那它怎么能让我们知道达到目标的最好途径呢？科学为什么建议我们采取最快的途径而不采取最经济的途径，建议我们采取最可靠的途径而不采取最方便的途径呢？或者为什么不建议我们与此相反呢？如果科学不能引导我们确定最理想的目的，那它对于确定在一般手段看来是次要的和从属性的目的而言，也同样无能为力。

观念学的方法当然能避免这种神秘主义，而避免神秘主义的愿望，又在一定程度上使这种方法延续下来。实际上，运用这种方法的人都是些极端的理性主义者，因而他们认为人的行为无须用反省去引导，但他们又没有从他们自身接触的、完全脱离主观影响的现象中发现可以根据它们的实用价值来对它们分类的任何东西。因此，似乎只能用支配这些现象的概念来对它们进行评价了。于是，使用可以核正事实的观念，而不使用源于事实的观念，就成为一切合理的社会学所必需的了。但是我们知道，在这种情况下，实践就成为反省的对象，而如此运用反省则是不科学的。

我上面提出的问题可使我们要求维护理性的权利，而不再陷入观念学。实际上，对于社会来说也同个人一样，健康是好事，也是人们所希望的；而生病则是坏事，应该避免。因此，如果我们能够找到一个为事实本身所固有的、并能使我们科学地分辨出各类社会现象中的健康与病态的客观标准，科学就可以在忠于自己固有的方法的同时照亮实践。当然，现在科学还没有达到像了解人那样了解社会的地步，所以它只能给我们提供一些一般的提示，但只有在通过感觉直接与个人接触时，这种提示才能以适当的形式具体化。科学所能定义的健康的状态，不能完全符合每一个人，因为健康状态只能根据最普遍的条件来确定，而这些最普遍的条件对于每一个个人来说，就或多或少有不相符的地方，但仍不失为判断健康与否的可贵标志。不能因为这个标志以后只能应用于个别特别场合，就认为它对于认识问题没有任何用处了。完全相反，它应该作为我们所有的实际推理的基础的规范。在这样的条件下，人们就再没有权利说思想对于行为不起作用了。在科学与艺术之间不再有鸿沟，而可以不断地直接从一方过渡到另一方。当然，科学只有借助于技术才能深入事实，而技术只是科学的延伸。还可以提出这样一个问题：随着科学所确立的规律越来越完整地表现个体的现实，科学在实践上的无能为力现象是否应该越来越减少呢？

一

通常，人们把疼痛看作生病的标志，而且总的说来，这两者之间确实存在着一种关系，但这种关系并不恒定，也不严谨。有些严重的疾病并不使人感到疼痛，而有些算不上病症的障碍，如一粒煤渣进入眼中，却可以使人感到非常难受。甚至在某些情况下，无痛或快感也是疾病的症候。有一些无感觉，它们本身就是病理症状。在某些环境下，一个健康人感到难受，而一个神经衰弱者却感到快活。无可否认，后者的快感是一种病态。相反，有些引起人们痛苦的状态，如饥饿、疲劳、分娩等则完全是生活现象。

我们能说健康既然是生命力的良好发展，则根据机体是否完全适应其环境就可以判断是否健康吗？或者反过来，我们能把一切使机体不适应其环境的障碍统统称之为疾病吗？然而，首先——我在后面还要来谈这个问题——还完全没有证明机体的每一种状况是与某种外部状况相符合的；再则，即使这个标准真能衡量机体是否健康，那它本身也还需要有另外一个标准，以使它得到公认，因为不管怎样，我们都必须指明根据何种原则才能确定这种适应形式比其他适应形式更为完善。

是否可以根据健康和生病对我们的生存机会的影响来区别健康与生病呢？健康是机体处于最高的生存机会的状态，而生病则相反，它是生存机会减少所使然。毫无疑问，在一般情况下，生病确实是机体衰弱的结果。但是，机体衰弱的结果并非只限于生病。在某些低等动物那里，生殖机能不可避免地造成死亡；就是在高等动物那里，也会有这种危险。然而，生殖机能仍然是正常的生理现象。老年和幼年会有相同的结果，因为老人和儿童均较易受破坏因素的影响。那么，我们是否可以因此而说老年和幼年是病态呢？是否应该承认只有中年人才算是健康型的呢？这样的话，健康与

生理学的研究范围不就太狭小了吗？再说，如果老年本身是一种病态，那么怎样来区分健康老人和生病老人呢？照这种观点，妇女来月经也应该被视为疾病现象了，因为月经引起的障碍增大了妇女对疾病的易染性。但是，我们怎么把没有月经或提早绝经这种无可否认的病理现象说成是生病呢？我们对于这个问题是这样认为的：在一个健康的机体内，每一个器官可以说都有其有用的职能；每一种内部状态都准确地反映在某一外部条件之一，从而，有助于保证生命的平衡和减少死亡的机会。另一方面，也有理由作如下的推论：某些解剖学上的或生理机能上的构造并不直接发挥任何作用，而只是为了存在而存在，因为作为生命的总体条件的一部分，它们是不能不存在的。不能把这种构造视为病态，因为疾病首先是一种可以避免的东西，不存在于生物的正常组织之中，但是可以确信，它不但不能增强机体，反而会降低机体的抵抗能力，从而增大死亡的危险。

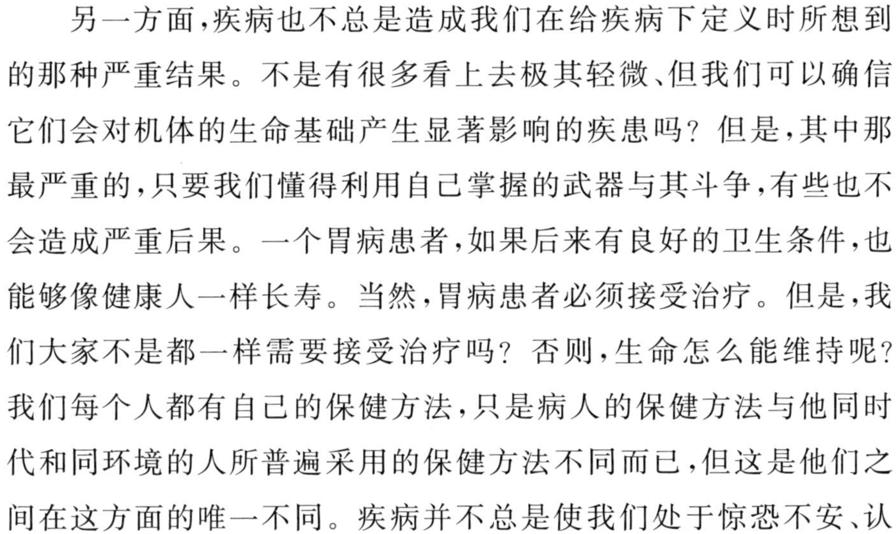

另一方面，疾病也不总是造成我们在给疾病下定义时所想到的那种严重结果。不是有很多看上去极其轻微、但我们可以确信它们会对机体的生命基础产生显著影响的疾患吗？但是，其中那最严重的，只要我们懂得利用自己掌握的武器与其斗争，有些也不会造成严重后果。一个胃病患者，如果后来有良好的卫生条件，也能够像健康人一样长寿。当然，胃病患者必须接受治疗。但是，我们大家不是都一样需要接受治疗吗？否则，生命怎么能维持呢？我们每个人都有自己的保健方法，只是病人的保健方法与他同时代和同环境的人所普遍采用的保健方法不同而已，但这是他们之间在这方面的唯一不同。疾病并不总是使我们处于惊恐不安、认

为不可治愈的不适应状态。它只是强制我们不像大部分常人那样去适应罢了。谁说没有最后反而有益于健康的疾病呢？我们通过疫苗接种的天花，就是我们情愿染上的真正的病，但它能增加我们的生存机会。也许在其他许多情况下，疾病引起的不适与它使人体产生的免疫力是微不足道的。

最后，我要特别指出，这个标准在多数情况下是不适用的。最低限度可以完全确认，我们至今所知的最低死亡率曾存在于某一特定的社会群体中，但我们不能证明这个群体不可能再存在比这还低的死亡率。谁能断言不会有其他办法使死亡率更低呢？因此，这种事实上的最小值既不是机体对客观环境完全适应的证明，因而从前面关于疾病的定义来看，也不是健康状况良好的真正标志。此外，这种性质的群体也难以组成和难以脱离其他群体而独立存在，而为了能够考察这个群体所特有的和可能是使它优越于其他群体的机体结构，则无论如何要使它脱离其他群体而独立存在。反之，如果是一种一般说来可以导致死亡的疾病，则显然会使生存下去的概率降低。但当疾病不会直接导致死亡时，要证明生存的概率下降就特别困难。实际上，只有一个客观的方法可以证明处在一定条件下的人要比另外一些人的生存机会减少，这就是告诉人们，事实上他们当中的大多数人寿命不会长。就纯粹的人体疾病而言，这样论证往往是可以的，但在社会学里，这样来论证是完全行不通的，因为我们在这里缺乏生物学家所掌握的标准，即平均死亡率的数字。我们甚至不能哪怕是大概地断定一个社会何时诞生、何时灭亡。所有这些在生物学上还没有解决的问题，在社会学上更

是处于神秘莫测的状态，远不能明确解决。此外，社会生活中发生的并在所有同类社会中几乎是同样地重复出现的事件，是形形色色的，以致我们不可能确定其中的某一事件在什么样的情况下可以加速社会的解体。在研究的对象是个人时，则因为人的数量很多，我们可以对众多的人作比较，从中选出那些只有共同的反常现象的人来。这样，这种反常现象就从所有的伴随现象中分离出来，使我们由此可以研究它们对人的机体产生的影响的性质。比如，我们随便找来一千个风湿病患者，发现他们的死亡率明显高于平均死亡率，那我们就完全有理由认为，这种高死亡率是由风湿病素质造成的。但是，在社会学上，每一个社会种（espèce sociale）[①]只包括少数的个人，所以可供我们进行比较的范围非常有限，以致根据这个种进行的归类，其证明力也是有限的。

由于缺乏这种事实的证明，所以唯一可行的办法就是进行演绎推理，而这种推理的结论只有主观臆测的性质。人们由此所能证明的不是某一事件实际上怎样削弱了社会机体，而是它应该有这样的效用。这样一来，人们就会认为，该事件必然会造成这样或那样的有害于社会的结果，并由此而称该事件是病态的。但是，就算该事件实际上造成了这样的结果，那它带来的危害也会被没有发现的益处所抵补，甚至抵补而有余。再者，也只有一条理由，把这种结果说成是有害的，那就是说它扰乱了功能的正常运转。但是，这样的证明

① 关于社会种的概念，见本书第四章的解释。——译者

要以问题已经得到解决为条件，因为只有在预先规定了什么是正常状态？并由此知道以什么样的标志来确认正常状态，才能做出这个证明。难道可以完全先验地制造出一种正常状态吗？不用说，这种制造是不会有价值的。因此，社会学也同历史学一样，对同一个事件，由于学者们的个人感情不同，既有可能被说成是有益的，又有可能被说成是有害的。比如，在对宗教信仰普遍动摇的环境里，一个不信教的理论家往往把仍有人信教视为是一种病态现象，而在一个信教的理论家看来，不信教才是今天的严重的社会疾病。同样，对于社会主义者来说，目前的经济组织是一种社会畸变；而正统经济学则认为，社会主义倾向才真正是病态。他们都以他们认为是完美的三段论作其观点的依据。

他们的这些论断的共同错误，就是想过早地抓住现象的本质。因此，这些论断事先就得认定一些只有科学有了足够的发展才能证明其真伪的原理业已成立。然而，在我们看来，这时应遵照我在前面确立的准则。不要一上来就确定正常状态和反常状态与生命力的关系，而要先找到能使我们辨认出这两类事实的某种可以直接感知的、但又是客观的外在特征。

一切社会学现象也同生物学现象一样，可以在保持其本质的条件下因情况不同而采取不同的形态。但这些形态只有两种。一种形态普遍存在于人类的全体：不是存在于所有的个人身上，而是散见于大部分个人身上。如果它们在所观察的一切情况下不是一成不变地反复出现，而是彼此有所不同，有所变化，则这种变化也只限于相差无几的范围之内。而另外的一种形态，则是特殊的形态。它们不仅只存在于少数个人身上，而且只存在于出现了这种形态的个人身上，并往往不是存在于这个个体的生命始终。无论在时间方面还是在空间方面，它们都具有一种特殊性。[①] 因此，我们现在看到的是两种不同的现象，应该以不同的术语来加以区分。我称那些具有最普遍形态的事实为正常现象，称其他事实为病态现象或病理现象。如果把以最常见的形态最平凡地出现于同一种内的属性归纳为一个整体，即归纳为一种抽象的个性，将由此得到的假设的存在称为平均类型，那么，就可以说这个平均类型是正常类型，而一切不符合健康标准的现象都是病态现象。不错，平均类型不能像个别类型那样明确规定，因为平均类型的结构属性不是绝对不变的，而是能够变化的。但是，毋庸置疑，这种平均类型是能够形成的，因为它是社会学研究的直接材料，与属的类型(type générique)一致。生理学家所研究的是一般机体的功能，而社会学家也是如此。一旦我们能够辨认各社会种——我在后面再论述这个问题——时，那就总能找出哪一现象在一定种内表现出来的最普遍的形态。

我们看到，一个事实只有根据它与所规定的种的关系才能说它是病态的。健康和疾病的条件不能抽象地(in abstracto)绝对地加以确定。这一准则在生物学上是无可争议的。谁也

① 由此可以区分出疾病和畸形。后者只是出现于机体的个别地方的一种例外，不是种的平均现象，但畸形在出现的个体身上，将存在终生。此外，人们还可发现，这两类事实只在程度上有所不同，而实际上具有相同的性质。两者的界线是很不清楚的，因为疾病不可能完全无法治疗，而畸形也不可能永久不变。因此，给它们下定义时就不可能把它们彻底分清。两者的区别不外是形态学和生理学的区别，即生理学把这种不正常现象称为疾病，而解剖学一般把它们称为畸形。

不会认为对于软体动物来说是正常的现象，对于脊椎动物来说也是正常的。每个种都有它自己的健康标准，因为每个种都有它自身固有的平均类型，而且最低级种的健康对于该种的重要性，并不亚于最高级种的健康。这一原则同样适应于社会学。虽然这一点常常不为人们所重视。我们应该抛弃这样一种至今仍然极其流行的习惯：一旦认为一种制度、一种习俗、一种道德准则是好的或坏的，就不加区别地认为它们对于任何类型的社会来说，都是好的或坏的。

既然我们判断健康和疾病的标准随种的不同而不同，那么在同一种内，这一标准也会随种的变化而变化。从纯生物学的角度来看也是如此。对于野蛮人来说是正常的现象，对于文明人来说就不一定是正常的。反之亦然[①]。有一种变化——有关年龄方面的变化，尤其值得我们重视，因为它有规律地存在于所有的种中。老年人的健康不同于成年人的健康，成年人的健康又不同于儿童的健康。对于社会来说也是如此。[②] 说一个社会事实是正常的，只是对处于一定发展阶段的一定的社会种而言。因此，要想知道它有没有权利获得这个称呼，只观察它以何种形态出现在同属于这一社会种的大多数中还是不够的，还必须仔细考察社会在该进化阶段的发展情况。

以上，我们似乎只是在给一些用语简单地下定义，因为我

① 比如，一个野蛮人，如果具有健康的文明人的那种变小了的消化道和发达的神经系统，则对他应付自己的环境的能力来说就是一个病人。

② 我这一部分不加论述，因为关于一般社会事实的论述，只能是重复我在别处关于区分正常的和不正常的道德事实的论述（见《社会分工论》第 33—39 页）。

们只是根据现象的异同对现象归了类，然后对归好的各类冠以专名而已。实际上，我们如此形成的概念，尽管具有因其客观的、容易被识知的特征而被承认这一重大优点，但并不比人们通常对于疾病与健康的观念深奥。其实，人们不都是认为疾病是一种意外，凡有生命的机体，无疑都潜伏着疾病，只是不经常发作罢了吗？古代的哲学家所说的，也是这个意思。他们说，疾病不是来于事物的本性，而是出自人体内在的一种偶然性。当然，这种观念是对全部科学的否定，因为疾病没有什么比健康更稀奇的地方，它也来源于生物的本性，只是这个本性不是正常本性而已。疾病不是生物的通常体质，与生物一般赖以生存的条件无关。相反，对于整个生物界来说，健康的类型是和种的类型一致的。人们甚至不能想象出一个种会患一种它自己不能医治和不能依靠自己的基本组织医治的疾病，因为这样的想法是自相矛盾的。种是十分规范的，不可能会有任何不正常的东西。

通常，人们把健康说为远比疾病好得多的身体状态，乃是理所当然的。但是，这个定义已包含在前述的定义之中。其实，如果合起来构成一种正常类型的特征，能够普遍存在于一个种内，那也并非没有道理。这个普遍化是一个本身需要加以解释，因而需要指出原因的事实。不过，如果最普遍的结构形式至少从总体上来说也不是最有利的形式，那么这种普遍化也就无法解释了。如果最普遍的结构形式不能使每个个体更好地抵制破坏的原因，那它们怎么能在如此变化万千的环境中保存下来呢？反之，如果其他形式非常少见，则显而易见，在一般情况下，凡具有那种形式的主体均难以生存下来。因此，最普遍的结构形式最为常见就证明它们具有优势①。

二

这最后一项注释，甚至为检验前面所述方法之结果提供了一种手段。

因为构成正常现象的外部特征的普遍性本身是一种可以解释的现象，所以通过观察使这种性质直接得到确认后，我们就必须设法对它作出解释。当然，我们可以事先肯定，这种普遍性之存在并非没有原因，但确切知道这是一种什么原因尤为重要。实际上，对于一种现象的正常性来说，如果我们能证明首先使这种性质表现出来的事物的外在标志不仅仅是看得见的，而且是植根于事物的本性中的；简而言之，如果我们能把这种事实上的正常性提升为权利上的正常性，那它就是无可置疑的了。此外，这项证明并不总在于说明现象有益于机体，尽管从我们上述的理由来说这种情况是

① 不错，加罗法洛曾试图区分病态和反常（《犯罪学》第109、110页），但可作为他这种区分的依据的仅有如下两点：1.疾病一词总是指试图全部或部分破坏机体的某种东西。即使没有发现破坏，那也要认为破坏早已存在，但被治愈了。反常的东西不可能长期存在。但是，我们已经说过，反常对于活体来说，通常也是一种威胁。当然并非总是如此，但疾病潜在的危险也只是就大多数情况而言。至于加氏说病态不可能长期存在，那是他忽略了慢性病，并把畸形现象和病理现象完全分开了。残废是固定不变的。2.有人说，正常与反常随人种的不同而有差异，而生理学的东西和病理学的东西的差异，则对整个人类（genus homo）来说却是一样的。我们在前面已经从反面指出，对于野蛮人来说是病态的东西，对于文明人来说就往往不属于病态。身体健康的条件是随环境而变化的。

最常见的；而且还会像我在上面所指出的，出现这样一种情况：有些现象虽然是正常的，却对机体没有任何益处，它们之所以是正常的，只是因为它们不可避免地出自该生物的本性。比如，妇女生小孩时，如果不引起妇女机体发生极大的痛苦，那也许是有益的，但这是办不到的。因此，我们对于现象的正常性的解释必须与我们所研究的种的生存条件联系起来，即根据该现象是生存条件必然造成的机械性结果，还是使人的机体适应生存条件的手段，来解释现象的正常性。①

这个证明不只用于验证。其实，不应该忘记，从反常当中把正常区分出来的好处，主要在于指导实践。但是，要想把原因查明，只知道我们希望什么是不够的，还必须知道我们为什么有这种希望。关于正常状态的科学命题一旦具备它们应有的论据，就会更加直接地适用于个别情况，因为那时可以清楚地知道在应用的时候，应在哪些情况下和哪些方面修改它们。

在某些情况下，这种验证甚至是必不可少的，因为单独使用第一种方法会导致错误。比如，当整个种全部处于进化的过程，但尚未最后固定为新的形式的过渡时期，就出现了这种情况。这时，已在事实中体现出来并固定下来的单一的正常类型虽然是以往的类型，但已与新的生存条件没有任何关系了。因此，一种事实虽已不合环境的要求，但仍然可以持续存在于一个种的全部领域之中。这样，事实的正常性也就只剩下一个外形了，因为它所表现的普遍

① 当然，人们可以自问：一个现象必然来自生活的一般条件，这本身不就说明这种现象是无益的吗？我们不能在这里研究这个哲学问题。但在稍后，我们将触及这个问题。

性只是一个虚假的标签而已:既然这种普遍性只是由于盲目的习惯势力才得以保存下来,所以它也不再是我们所观察的现象与集体存在的普遍条件紧密地联系在一起的标志。顺便说一下,这种困难是社会学所特有的,可以说在生物学家那里并不存在。实际上,动物的种很少需要采取突然出现的形式。动物的种所经历的正常变形,只是发生在每个个体身上的有规律的变形,而且主要是因年龄的影响而发生的。这种正常变形之所以为人们所熟悉,或可能熟悉,是因为它们在大多数情况下早已出现。因此,人们可以在动物成长的每个时刻,甚至在危急时期知道什么是正常状态。在社会学里,对于属于低级种的社会来说,也是如此,因为它们中大多数已经走完它们的全部历程,所以它们的正常发展规律已被确认,或者至少可以被确认。但是,对于文明社会和现代社会来说,这个规律还未为人们所知,因为文明社会和现代社会还没有走完其全部历程。这样,社会学家就可能难于知道一种现象是正常的还是反常的,因为他们缺乏任何标准。

社会学家如按照我上面所说的方法去做,就能摆脱困境。他们通过观察证实事实是普遍的以后,再追溯过去曾决定过这个普遍性的条件,进而研究这些条件是否现在仍然存在,或者相反,是否已经发生了变化。如果是第一种情况,他就有权把这种现象作为正常现象来研究;如果是第二种情况,他就必须否认它是正常现象。比如,要想知道目前欧洲各国无组织的经济状况[①]是否正常,

① 关于这一点,请参阅我在《哲学杂志》(Revue philosophique)1893 年 11 月号发表的短文《社会主义的定义》一文。

就得找出过去造成这种经济状况的条件。如果这些条件仍然是当今社会赖以存在的条件，那就应当认为这种状况是正常的，而不管它可能引起异议。但是，如果情况相反，即这种状况同我在别处称之为环节社会[①]的古老社会结构有联系（这个古老结构最初是社会的基本骨架，后来逐渐消失），那我们就可得出结论说：它现在已是病态，而不管它怎样具有普遍性。凡属此类有争论的问题，比如，宗教信仰的淡漠和国家权力的扩大是正常还是反常的问题，都应当用这样的方法来解决。[②]

然而，这种方法在任何情况下都不能代替前种方法，甚至也不能当作主要方法来使用。首先，这种方法提出一些我以后才能论述的问题，而这些问题只有当人们在科学上有了足够的进步时才

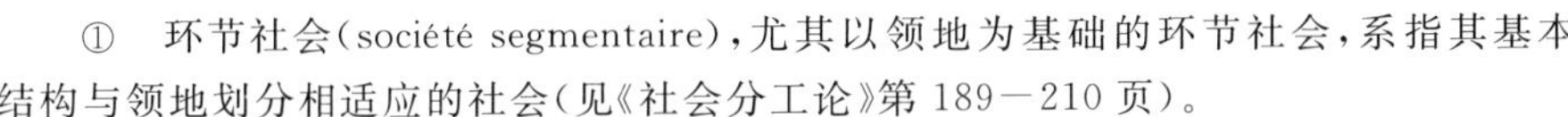

① 环节社会（société segmentaire），尤其以领地为基础的环节社会，系指其基本结构与领地划分相适应的社会（见《社会分工论》第 189－210 页）。

② 在某些情况下，可以对这种方法稍加修改，以证明本身的正常性可疑的事实是否值得怀疑。为此，只要查明该事实与我们所研究的社会类型的先前发展，甚至与全社会的演变过程有密切联系，或者相反，同两者全无关系，就可以了。我们正是用这种方法才得以证明，人们目前对宗教信仰的淡漠，更普遍的是对集体事物的集体感的淡漠，并无什么不正常之处。我已经证明，随着社会越来越接近我们现在的类型，而现在的社会越来越发达，这种淡漠就变得越来越明显（《社会分工论》第 73－182 页）。但是，这种方法实际上只是前种方法的个别情况，因为这种现象的正常性既已为这种方法所证实，那同时也就说明这种现象实际上是与我们集体生存的最普遍条件有联系的。实际上，一方面，如果这种宗教意识的退化随着我们今天的社会结构的日益确定而越来越明显，那并不是由于某些偶然的原因，而是与我们的社会环境的结构本身有关；另一方面，因为社会环境的结构的明显特性在今天又比以前更加突出，所以依赖这些特性而存在的现象本身也就加强了，乃是完全正常的。这种方法与前种方法的不同之处仅在于：解释与证明现象的普遍性的条件是归纳出来的，而不是直接观察到的。我们只知道现象与社会环境的本性有联系，而不知道是在哪些方面有联系和怎样发生联系的。

会涉及。这种方法总的来说只是对现象作出近乎完整的解释，因为它认定现象的成因或效果是早已确定了的。但重要的是，除某些例外情况，要在研究之初能把事实分类为正常的和反常的，以便把它们分别纳入生物学领域和病理学领域。其次，只有事实对于正常类型有用和为它所需，才能使事实本身被称为正常的。否则，人们会说疾病与健康没有区分了，因为疾病一定产生于染病的机体。只有使用抽象的平均机体一词，才能使疾病处于另一种关系。同样，服药治病对患者有益，可被视为正常现象，但这显然是一种不正常现象，因为只有在机体不正常时服药才有治病的效果。因此，只有在正常类型已经预先形成的情况下才能使用这种方法，而正常类型只能用另外一种方法来确定。最后，也是应当着重指出的，可以说凡是正常的就是有益的（即使不太必要），而不可以说凡是有益的就是正常的。我们完全可以相信，一个种内普遍存在的状况要比个别的例外状况有用，但不认为它们是已经存在或可能存在的最有益状况。我们没有任何理由认为，在我们探索的过程中对一切可能的方法都已经使用过了。有些可以想象得到但从来没有用过的方法，也许比我们所知道的方法优越得多。有用这个观念比正常的观念广泛，前者对后者的关系相当于属对种的关系。我们不可能从小中引出大，从种中引出属[①]。但是我们可以在种中看到属，因为种中有属的成分。正因为如此，现象的普遍性一旦被确认，我们就可以在指出该现象的有用性后而肯定第一种方法

① 原文为“déduire l'espèce du genre（从属中引出种）”，显系笔误，俄译本和日译本均改为“从种中引出属”。但英译本照译为“The Species from the genre”。——译者

的效果[①]。于是，我可以归纳出如下三条准则：

1. 一个社会事实一般发生在进化的一定阶段出现的一定种的社会里时，对于出现在这个一定发展阶段的一定的社会类型来说是正常的。

2. 指出现象的普遍性是与所研究的社会类型中集体生活的一般条件有联系的，就可检验上述方法的结果。

3. 当这个事实与尚未完成其全部进化过程的社会种有关时，这种检验就是必不可少的。

三

由于人们已经习惯于简单地解决这些困难问题，经过粗劣的观察和玩弄三段论法，就很快断定一个社会事实是正常的还是反常的，以致可能认为我上面所说的方法是繁而无用的。在他们看来，辨别疾病与健康是轻而易举的事情，无须费那么多手续。我们不是每天都在做这种辨别吗？——是的。但问题就在于我们的辨别是否可靠。我们看到生物学家解决这些问题比较容易，这就给

① 但是有人会说：正常类型的实现并非人们可能为自己规定的最高目标，而要超越这个目标，也必须超越科学。我们不必在此专门研究这个问题，只回答说：第一，这个问题完全是理论问题，因为事实上，正常类型即健康状态本来就很难实现，而且，实现的机会很少，以致我们不得不动员自己的想象力去寻找更好的状态；第二，这种在客观上看来最有用的改进，并不是在客观上就最合乎人意，因为这种改进如不符合任何一种潜在的或现实的倾向，那它们对于增进幸福也毫无益处；而如符合某些倾向，那就是正常类型没有实现；第三，要改进正常类型，就必须知道什么是正常类型，因此，在任何情况下，都只有依靠科学才能超越科学。

了我们以假象，认为我们解决这些问题也不困难。但是我们忘记了：生物学家发现每种现象影响机体抵抗力的方式，进而以实际上令人满意的准确性确定现象的性质正常与否，要比社会学家观察社会现象容易得多。在社会学研究中，事实的巨大繁杂性和不定性，要求人们在考察它们时必须精心细致。比如，同一种现象作为不同的党派的考察对象时，就会作完全相反的判断。为了证明这种精心细致的必要性，我们现在举例来说明。比如，在不强制自己精心细致地去考察时会造成什么样错误；如以科学的方法去考察，最本质的现象会以什么新的面目出现。

如举一个显而易见的病理性事实为例，则犯罪是最恰当不过的了。犯罪是一种病态，这是所有的犯罪学家都一致公认的。他们解释这种病态的方法虽不相同，但在承认犯罪是病态这一点上却是一致的。然而，这个问题仍须慎重研究。

现在我们来实际应用一下上述的准则。犯罪不仅见于大多数社会，不管它是属于哪种社会，而且见于所有类型的所有社会。不存在没有犯罪行为的社会。虽然犯罪的形式有所不同，被认为是犯罪的行为也不是到处一样，但是，不论在什么地方和什么时代，总有一些人因其行为而使自身受到刑罚的镇压。如果随着社会由低级类型向高级类型发展，犯罪率（即每年的犯罪人数占居民人数的比例）呈下降趋势，则至少可以认为，犯罪虽然仍是一种正常现象，但它会越来越失去这种特性。然而，我们没有任何理由相信犯罪确实会减少。许多事实都在证明，好像情况正与此相反。自本世纪开始以来，统计资料为我们提供了观察犯罪行为的动向的手段；实际上，犯罪行为到处都有增无减。在法国，增加将近300%。

结果，没有一种现象清晰地带有正常状态的全部标志，因为一种现象是与整个集体生活的条件有密切联系的。把犯罪看作是一种社会疾病，就是承认疾病不是某种偶发的东西，反而在一定情况下，是源于生物的基本体质；同时，这也会抹杀生物学现象和病理学现象的一切区别。当然，犯罪本身有时也以不正常的形式出现。比如在犯罪率急剧上升时就会出现这种情况。其实可以肯定，这种反常现象就具有病态性质。只要犯罪行为没有超出每类型社会所规定的限界，而是在这个限界之内，它就是正常的。而这个限界是可以根据上述的准则定出来的。[①]

现在，我们可以得出一个表面上看来似乎十分荒谬的结论。为了不引起误解，我才说这个结论可能是荒谬的。把犯罪归于正常社会学的现象，这不只是说，由于人类具有不可纠正的恶习，所以犯罪就成为一种人们虽不愿意但又不可避免的现象；而且，也在确认犯罪是社会健康的一个因素，是健康的社会整体的一个组成部分。乍一看来，这个结论相当令人惊奇，连我自己也曾很长时间感到困惑。然而，一旦消除这种起初的惊奇感，就不难找到解释并同时证明这种正常性的理由。

犯罪之所以是正常现象，首先是因为社会绝对不可能没有犯罪。

我在别处讲过[②]，一种行为触犯某种强烈的、十分鲜明的集体

---

① 从社会学来看，犯罪是正常的现象，但不能由此而认为罪犯无论从生物学观点还是从心理学观点来看都是身体素质正常的人。这是两个各自独立的问题。当我们以后说明心理学事实和社会学事实的区别时，就会更加了解这种独立性了。

② 见本书第二章的二之（二）。——译者

感情就构成了犯罪。为了在一定的社会里使被视为犯罪的行为不再发生，就得让被损害的感情毫无例外地在所有人的意识中得到恢复，并有必要的力量来遏制相反的感情。然而，即使这种条件确实存在了，犯罪也不会因此而被消灭，它只是改变了形式，因为犯罪原因本身在使犯罪行为的源泉干涸的同时，马上又开辟了新的源泉。

实际上，受到一个国家的刑法保护的集体感情，要在这个国家的一定历史时期深入到那些一直对它们封闭着的个人意识中去，或者在它们的权威性尚不强的地方建立更大的权威就必须具有比以往更大的强度。也就是说，必须使整个共同体比以往更强烈地感受到它们的存在，因为它们不能有别的源泉汲取更大的力量，以使自己渗入那些一直抵制它们的个人。要想社会上没有杀人犯，就必须使产生杀人犯的社会层更加感到杀人行凶的可怕，但要做到这一点，还必须使全社会都更加感到这种行为的可怕。另外，社会上没有犯罪，自然直接有助于产生这种结果，因为一种感情始终如一地受到普遍尊重时，它就显得特别应该受到尊重。但是，人们忽略了，要想让公众对于行凶杀人的可怕有更强烈的意识，必须同时加强他们对于以前只是造成纯道德性错误的损害行为的认识，因为忽视道德性错误的意识状态不过是害怕行凶杀人的意识状态的延续和缓和形式罢了。比如，盗窃和轻微的诈骗，都只是损害了人人都应当有的利他主义的感情，即对他人财产的尊重。只是这两种行为对同样的感情造成的损害有轻有重，即前者使感情受到的损害重，而后者对感情造成的损害轻。另一方面，一般说来在人们的意识中，即使对这两种侵害中较轻者，也没有足够的受害感，

所以对由此受到的损害持有最大限度的容忍态度。正因为如此，骗子只是受到指责，而盗贼则受到惩罚。但是，如果这种受害感变得十分强烈，能使所有人都消除那种认为盗窃比诈骗严重的倾向，就会对于至今一直认为只给他们造成轻微损害的行为更加敏感，从而会更加强烈地予以抵制，轻微的侵害也就会因此而成为人们更加强烈谴责的对象，其中有些就会由原来的只是一般的道德性错误变成犯罪行为。比如，原来只是激起公愤或造成民事赔偿的违约或不忠实履约的行为，就会变成违法行为。假如有一个由圣人们组成的社会，一个模范的完美的修道院，在那里可能没有纯粹的犯罪，但是，在常人看来是很轻微的错误，在那里可能引起常人认为是一般违法行为才会引起的丑闻。因此，如果这样的社会被赋予审判权和惩罚权，它会认为这种行为是犯罪，并按照犯罪行为予以惩处。廉洁的人以一般人对待真正的犯罪行为才有的严肃态度对待自己在道德方面的细小缺陷，也是同样的道理。过去侵犯人身的行为比今天发生频仍，是因为过去不像今天这样尊重个人的尊严。今天侵犯人身的行为较少发生，是因为今天比过去更尊重个人的尊严了。许多侵害这种感情的行为起初没有在刑法中规定，而现在却列入了刑法典。[①]

为了不漏掉一切从逻辑上讲都可提出的假设，我们可以自己设问：为什么这样的一致没有毫无例外地扩及全部的集体感情呢？为什么这种极为微弱的集体感情没有足够的力量防止各种不一致出现呢？如果能这样，社会的道德意识就可以渗入每一个人，并有

① 如诽谤、侮辱、破坏名誉等。

足够的活力来阻止一切损害它的行为：不管是纯道德错误还是犯罪行为。但是，道德意识要达到这样普遍的、绝对的一致是不可能的，因为我们每个人所处的直接的自然环境不同，所接承的遗传因子不同，所受的社会影响不同，以致每个人的意识也就不同。我们每个人都有自己的机体，而且每个机体都占有自己应占的空间。只是由于这一点，我们大家就不可能在道德意识上完全一致。因此，就是在个人的独创精神极不发达的未开化的民族那里，也不是完全没有个人的独创精神。由此可见，既然在任何一个社会里，个体与集体类型之间总是或多或少有些分歧，那么这些分歧当中就难免带有犯罪性质。使分歧带上这些性质的，不是分歧本身具有的重要性，而是公众意识给予分歧的重要性。因此，如果这种公众意识很强，具有足够的绝对能使这些分歧缩小的权威性，那它就会成为一种敏锐的、十分苛刻的力量，以在他处只是用来对抗重大分裂的强度来反对任何一点小的分歧，并把这种分歧看得与重大分裂同样严重，即视分歧具有犯罪性质。

这样，犯罪就成为必然的。它同整个社会生活的基本条件联系在一起，由此也就成为有益的，因为与犯罪有密切联系的这种基本条件本身是道德和法律的正常进化所必不可少的。

实际上，今天已无须争论，法律和道德不仅随着社会类型的变化而变化，而且就是在同一个社会类型里，如果集体生存的条件发生了变化，法律和道德也要发生变化。但要使这种变化能够实现，作为道德基础的集体感情就必须不抵制这种变化，从而只能克制自己。如果集体感情过于强烈，则缺乏弹性而易折。其实，一切原有的体制都是改制的障碍，而最初的体制越牢固，抵制的力量就越强。一种结构越被视为坚固无比，就越是抗拒一切改革：无论是对功能性结构，还是对组织性结构，都可以这样说。不过，如社会上没有犯罪，则这种条件（即具体感情不抵制变化）就不会形成，因为我们这个没有犯罪的假设，是以集体感情达到前所未有的强度为前提的。一切事情都以适度而不超限为好。道德意识享有的权威不应该过度，否则就无人敢评论它，它也就容易固定为一成不变的模式。要使道德意识能够向前发展，就必须使个人的独创精神能够实现。然而，要让意欲超越自己时代的理想主义者的独创精神表现出来，也得让落后于自己时代的犯罪的独创精神能够实现。这两者相互依存，缺一不可。

不仅如此，犯罪除了具有这种间接的效用外，它本身对于道德意识的进化也起着有益的作用。它不仅要求为必要的改革开辟广阔的道路，而且在某些情况下，它还为必要的改革直接做了准备。哪里有犯罪，哪里的集体感情就处于为形成新的形式所必要的可塑状态。不仅如此，犯罪有时还为预先决定集体感情应采取什么形式做出过贡献。实际上，犯罪对未来道德的预测，对未来道路的开拓，何止几次！按照雅典的法律，苏格拉底就是一个罪犯，对他的判决也完全正确[①]。然而，他的罪行，即他的独立的思想，不仅对全人类有益，而且对他的祖国也是有益的，因为当时雅典人的传统已不再适应他们的生存条件，他的罪行为雅典人所必需的新的

① 公元前399年，苏格拉底被控告为“不敬神”，理由有两点：一是“腐蚀青年”，二是“藐视城邦崇拜的神和从事新奇的宗教活动”。苏格拉底不服，提出申辩，但法庭以微弱的多数通过判处苏格拉底死刑。当时，友人劝他逃走，但被他拒绝。理由是：判决虽然违背事实，但这是合法法庭的判决，必须服从。所以，他安然服毒死去。——译者

道德和新的信仰的形成做了准备。苏格拉底的例子不是个别的，在历史上曾周期地发生。我们今天享有的思想自由，如果在禁止这种自由的清规戒律未被正式废除以前，没有人敢于犯禁，是永远也不可能实现的。但是在当时，犯罪就是犯罪，因为它触犯了当时人们意识中十分强烈的感情。然而，这种犯罪是有益的，因为它为后来越来越必要的改革预先做了准备。自由哲学的先驱们都曾是整个中世纪期间乃至近代前夕被世俗政权合法惩治的异端分子。

由此可见，犯罪学所处理的基本事实，就以一种全新的面目摆在我们面前。与人们通常的想法迥然相反，罪犯已不再是绝对的反社会存在，不再是社会内部的寄生物，即不可同化的异物[①]，而是社会生活的正常成分。不应该把犯罪放在极窄的范围内观察，当犯罪率下降到明显低于一般水平时，那不但不是件值得庆贺的事，而且可以肯定，与这种表面的进步同时出现并密切相关的是某种社会紊乱。比如，引起刑事责任的伤害，历来都是在饥荒年代最少[②]。同时，作为一种反响，要开始对刑罚理论进行重新研究，而更确切地说，必须进行重新研究。实际上，如果犯罪是一种社会疾病，那么刑罚就是医治这种疾病的良药，除此之外，不能再有别的

① 由于没有运用我现在建立的准则，所以我也曾这样错误地评述过罪犯（《社会分工论》第395、396页）。

② 另外，不能因为犯罪是正常社会学所研究的事实就认为它不应该引起人们的憎恨。疼痛也不是人们所喜欢的。个人之憎恨疼痛正如社会之憎恨犯罪，它是正常生理学所研究的现象。疼痛不仅是人体的一种自然现象，而且它对生命具有一种有益的作用，不能为他物所取代。然而，如果认为我这是在为犯罪辩护，则这种解释将是对我的思想的特大误解。在我们客观研究道德事实并以非大众化的语言论述它时，那不知道会招来什么奇怪的指责，不知道会引起什么误解，所以我甚至不想对上述解释提出什么抗议。

解释。而这方面的一切议论，都旨在明确如何才能发挥这种良药的作用。但是，如果说犯罪不是一种社会疾病，那么，刑罚也就不能以医治这种疾病为目的了，而它的真正功能也该从别的方面去研究了。

这样，以上所述的各项准则就只是为了满足没有太大效用的逻辑上的形式主义了。但这样说是不全面的，因为应用它们与不应用它们情况是截然不同的，即最基本的社会事实会完全改变其性质。再则，如果说这个例子也太浅显了，——我因此已经不再想它了——那还有其他许多可举的例子。比如，没有一个社会不以按违法行为的轻重而治罪为准则，但在意大利学派看来，这个原则不过是法学家的发明罢了，毫无根据。[①] 就是这些意大利学派犯罪学家，甚至认为在既知的一切国家至今通行的全部刑罚制度，都是反自然的现象。我们已经知道，在加罗法洛先生看来，低级社会特有的犯罪行为绝不是自然的。在社会主义者看来，资本主义的组织虽然具有普遍性，但由于暴力和诡计它已经偏离了自然状态。而斯宾塞先生则认为，现今的行政中央集权化，政府权力的扩大，才是我们社会的根本弊病，但这两者都在历史的长河中最有规律地和最普遍地向前发展着。我从来不认为，我们应当强制自己根据社会事实的普遍化程度来判断它们是正常的还是反常的。这个问题历来都是通过大力应用辩证法来解决的。

但是，如果排斥这个标准，则不仅会造成方才所述的混乱和部分错误，而且会使社会学不可能成为一门科学。实际上，社会学的

① 见加罗法洛《犯罪学》(Criminologie)第 299 页。

直接目的在于研究正常类型；但是，如果最普遍的事实也可以是病态的，那就有可能永远在事实中找不到正常类型。这样一来，研究事实还有什么用呢？我们研究的事实只能加强我们的偏见，加深我们的错误。既然过去实行的刑罚和追究责任只是无知和野蛮的产物，那我们何必努力去认识它们，而寻找他们的形态呢？这样，我们的思想就不得不脱离对今后毫无用处的现实，转而进行自我反省，从自身内部找出构成新思想所必需的材料。为了使社会学能把事实作为物来研究，社会学家就应该认识到必须把自己置身于事实的学校之中。但是，因为一切有关个体的或社会的生命的科学，其主要目的总的来说在于确定正常形态，并对它进行解释，指出它与反常形态的区别，所以，如果这种正常性不见于该物之中，而是一种我们从外部引来加在物上的，或者我们由于某一原因而不承认的特征，那就无法进行这样的研究了。在面对一种没有重要事情可供研究的现实时，人的精神会处于安逸状态，不再受它所专注研究的事情的制约，因为它现在能在一定程度上决定这件事情了。从以上所述可知，我们至此所确立的各种准则，相互有着密切的关系。为了使社会学真正成为一门研究事物的科学，那就必须把现象的普遍性作为衡量现象是否正常的标准。

另外，我的方法还具有既能调整人们的行动，又能调整人们的思想的好处。如果所希望的东西不是依靠观察来决定，而是可以和应该由心机来决定，则想象力在寻找最好的东西时的自由驰骋，可以说没有任何障碍。因为怎么能为完善设置一个它不可逾越的限制呢！从定义来说，完善是不受任何限制的。因此，人类的目标才永无止境：它的遥远使某些人沮丧，但也激励和鼓舞另一些人为了接近它而加快步伐，匆匆投入革命。如果所希望的东西是健康，而健康是一种已经下了定义的并已存在于事物之中的东西，那就可以摆脱这种实际上如何对待目标的困难，因为努力的限界已知，同时已被下了定义。重要的不再是无望地追求越追越远的目标，而是要持之以恒地努力保持正常形态，一旦这种形态遭到破坏，就去重建它，一旦它的存在条件改变了，就去重新寻找条件。国务活动家的责任不再是强行推动社会朝着他们认为是很有魅力的理想发展，而是担任医生的角色：以良好的医疗预防疾病的发生，疾病一旦发生就设法医治。[①]

① 根据本章阐述的理论，人们有时会跟着我作出这样的结论：19 世纪犯罪行为的上升是一种正常现象。再没有比这离我的想法更远的了！我在关于自杀问题（见《自杀论》第 420 页及以后）的论述中所列举的若干事实，反而使我们认为这种上升一般说来是病态。不过某种形式的犯罪行为的一定增长也可能是正常的，因为每一种文明形态都有其固有的犯罪种类。但这只是一种假说。

第四章　关于划分社会类型的准则

只有把社会事实放在一定的社会种下考察，才能确定它是正常的还是反常的。因此，从以上所述可以认为：社会学应当有一个分支来研究社会种的构成及其划分。

此外，这个社会种的概念有很大的用处：它在长期以来一直支配着人们头脑的关于集体生活的两种截然不同的观念之间，为我们提供了一个中项。我要称这两种观念为历史学家的唯名论[①]和哲学家的极端实在论。在历史学家看来，每一种社会都有它固有的特点，它们既不相同，也不可比。每一个民族都有它自己的特征、特有的结构、自己的法律、道德和经济组织，这些东西都只适合于它自己，任何形式的推广都几乎是不可能的。在哲学家看来则相反，这些被称为部族、城邦、国家的特殊集团不过是一些临时的、偶然的没有固有的实体的结合。只有人类才是实在的，整个社会进化都出自人性的一般属性。因此，历史学家认为历史只是一个接一个发生的但不重复的一连串事件；而哲学家则认为，同样的这些事件，只有印证人类的各项组织所表现的、支配着整个历史发展

① 我所以这样称呼，是因为它常见于历史学家，但我并不是说所有的历史学家都有这种观点。

的一般规律的价值和意义。根据历史学家的观点，对于某个社会有益的东西并不一定适合其他社会。关于健康状况的条件，一个民族同另一个民族也不相同，不能从理论上加以规定。这是要靠实践、经验和摸索来解决的问题。根据哲学家的观点，关于健康状况的条件，对于整个人类也是可以一劳永逸地预测出来的。因此，似乎社会现实只能是抽象的、模糊的哲学对象，或者是纯属叙述的专题研究对象。但是，只要承认在这千差万别的历史社会和关于人类的唯一的、然而是理想的概念之间，存在着一些中间媒介，即社会种，就可以摆脱这种困难的抉择。实际上，社会种的观念已把真正的科学研究所要求的统一性和事实中存在的多样性结合在一起了，因为种的属性在它的所有个体身上都是同样的，而另一方面，在种之间又是互不相同的。不错，道德、法律、经济等制度是变化无穷的，但无论它们怎样变化，也不会具有使人无法对它们进行任何科学思考的性质。

孔德就是因为不知道社会种的存在，才以为可以把人类社会的进步视为一个单一的民族的进步，认为“从不同民族中观察到的连续不断的一切变化，都可以从理想出发加于这个民族”[①]。如果说只存在一个社会种，其中的各个社会在表现这个唯一的社会种的结构特征时有的全面，有的不全面，在反映人类的特点时有的充分有的不充分，而在相互之间只存在程度上的不同，则孔德的这个看法也许是正确的。相反，如果说存在着相互之间又有质的不同的数种社会类型，则要使它们相互接近那是徒劳的。这犹如要使

① 见孔德《实证哲学教程》IV. 263 页。

一条几何直线上的等质线段相交一样。这样，历史的发展就失去了人们赋予它的那种理想的、过于简单的统一性。可以说历史的发展分成了许多阶段，而且这些阶段的性质又极不相同，所以历史的发展就缺少了连续性。帕斯卡尔的著名比喻[①]虽为孔德所引用，但现在看来也是没有根据的。

那么，怎样来划分这些社会的种呢？

一

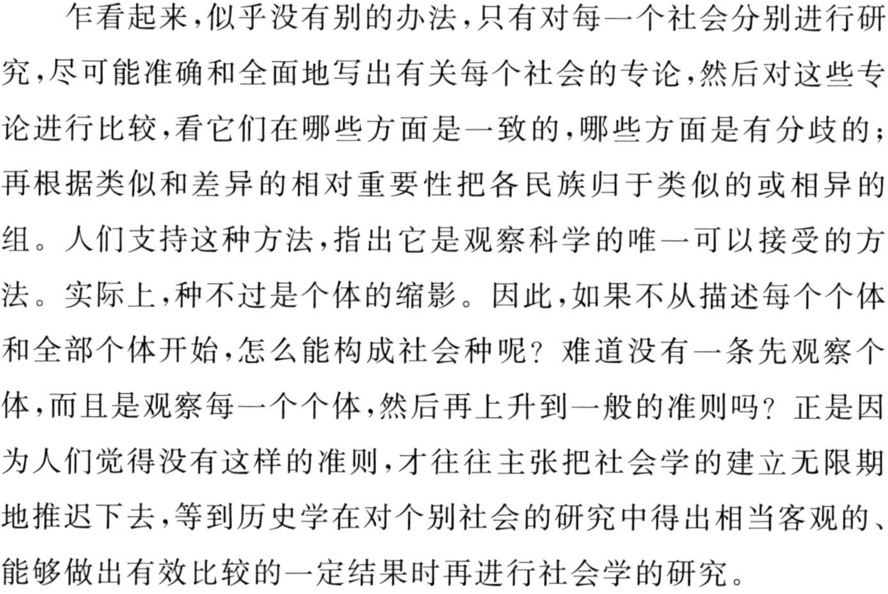

乍看起来，似乎没有别的办法，只有对每一个社会分别进行研究，尽可能准确和全面地写出有关每个社会的专论，然后对这些专论进行比较，看它们在哪些方面是一致的，哪些方面是有分歧的；再根据类似和差异的相对重要性把各民族归于类似的或相异的组。人们支持这种方法，指出它是观察科学的唯一可以接受的方法。实际上，种不过是个体的缩影。因此，如果不从描述每个个体和全部个体开始，怎么能构成社会种呢？难道没有一条先观察个体，而且是观察每一个个体，然后再上升到一般的准则吗？正是因为人们觉得没有这样的准则，才往往主张把社会学的建立无限期地推迟下去，等到历史学在对个别社会的研究中得出相当客观的、能够做出有效比较的一定结果时再进行社会学的研究。

然而，这种慎重态度只是表面上看来具有科学性。实际上，有人认为，一门科学只有把它所说明的全部事实都逐一研讨后才能

① 指帕斯卡尔《思想录》的第一句话：“人是会思考的芦苇。”——译者

定出定律，只有在把属所包括的所有个体都逐一作全面描述后才能形成属的范畴，但这是不正确的看法。真正的实验方法主张不用那些只是由于数量特多才有证明力，并由此往往得出可疑的结论的常见事实，而是愿意用不管数量多少，但本身具有科学价值和意义的决定性事实，或培根所说的“判定性或裁决性”事实[①]。当研究种和属的划分时，这种方法尤为重要，因为把每个个体的特性都一一列举出来，是一项困难的任务。所有的个体都是无限的，而无限的东西是取之不尽的。我们只要那些最基本的属性吗？但我们又根据什么原则来进行选择呢？为此，就必须有一个超越个体的、从而就连最出色的专论也不可能提供给我们的标准。我们甚至无须对事物作严格分析，就可以预言：作为分类基础的特征越多，就难使特征在个别事例中的不同结合方式显示出事物之间真正的相同和明显的差异，以作为划分一定的群或亚群的依据。

即使可以根据这种方法进行分类，那这种分类也有一个很大的缺陷，即它不能起到它应有的作用。其实，分类的目的首先在于，以数量有限的类型代替数量无限的个体进行研究和作全面分析以后才能形成，那这种分类也就失去了它的优点。如果它只是教人对以往所做的研究进行概括，那它丝毫无助于科学研究。要使分类真正发挥作用，除非让我们用其他标志，而不是用作为分类基础的特征来分类，也就是除非使我们能够为未出现的事实定出范围。分类的作用，是使我们掌握能与那些本身不能提供分类标准的观察联系起来的标准。但这样一来，分类就不能按照所有个体的全部特性进行，而必须根据从中

① 见培根《新工具》II，§36。

仔细选择出来的少数特性进行。在这样的情况下，分类就不仅使我们能把已有的全部知识初步条理化，而且还有助于我们形成新的知识。它将给观察者以指导，使其在观察事物时省去许多步骤。因此，我们根据这个原则来进行分类以后，要想知道一个社会事实在该社会种里是否普遍存在，就无须对这个社会种的每一个社会逐一进行观察，只选择其中若干个进行观察就足够了。甚至在许多情况下，同一次良好的经验往往足以确立一项定律一样，只需做一次周密的观察也就足以达到目的了。

因此，我们在分类时就应该选择特别重要的标志。当然，只有对事实解释得十分充分时，我们才能找到这些标志。科学的这两个部分——分类和解释，既是相互关联的，又是相互促进的。然而，即使没有深入研究事实，也不难推测从哪一方面去寻找社会类型的特有属性。实际上，我们知道社会是由一些互为补充的部分组成的。既然一切合成的东西的性质必然取决于它的构成成分的性质，数量和它们的组合形式，那么这些特性显然应该作为我们分类的依据。实际上，我在后面将会提到，社会生活的普遍事实就是由这些特性所规定的。另一方面，因为这些特性属于形态学领域，所以我们可以把社会学中以构成和划分社会类型为任务的这部分称为社会形态学。

对于这种分类的原则，甚至可以进一步精确化。我们知道，实际上任何一种社会都是由比它更为简单的社会构成的。一个民族是由先前的两个或若干个民族集合而成的。因此，如果我们知道一个曾经存在过的最简单的社会之后，要想对它进行分类，就只研究这最简单的社会是怎样自己形成的，它的组合体是怎样组合起来的，就可以了。

二

斯宾塞先生十分清楚，社会类型的系统分类不能再有别的依据。

他说："我们发现，社会的进化由简单的小集合体开始，并通过几个这样的小集合体联合成为较大的集合体而向前发展，这些较大的集合体得到巩固以后，再与类似的集合体联合成为更大的集合体。因此，我们的分类应该从最初的，即最简单的集合体开始。"[1]

然而，要把这个原则用于实际，首先必须对简单社会下个准确的定义。可惜，斯宾塞非但没有下过这个定义，而且还认为下这个定义几乎是不可能的。[2] 实际上，他所理解的简单，本质上是指社会组织的某种简略。可是，要准确说出社会组织何时可称之为简单社会的最初时期，并不是一件容易的事情，因为这是如何评价的问题。同样，他所作的论断也是通用性很强的，可以适用于所有的各种社会。他说："我们只好把那种自身形成为一个整体、不属于其他整体，其组成部分无论有无调节中心都以某种共同利益为目的而相互合作的社会看作是简单社会，除此而别无办法。"[3]但是，

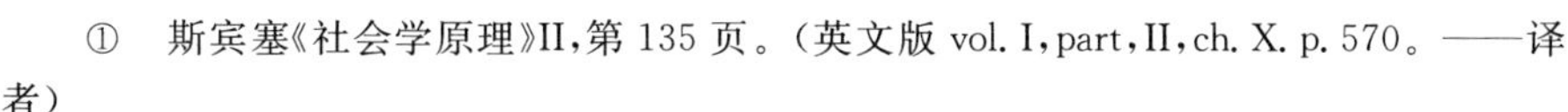

① 斯宾塞《社会学原理》II，第 135 页。（英文版 vol. I，part，II，ch. X. p. 570。——译者）

② "我们永远说不准简单社会是怎么构成的。"（同上书第 135、136 页。）（英文版同上。——译者）

③ 见斯宾塞《社会学原理》II，第 136 页。（英文版 vol. I，part，II，ch. X. p. 571。——译者）

有许多氏族符合这个条件。这样一来，他就无意之中把所有未开化的社会都混在这个名称里了。出发点既然如此，他的分类的其余一切也就可想而知了。我们从中看出，他以令人吃惊的混乱，把一些极不相同的社会结合在一起了：把荷马时代的希腊社会和十世纪的封建制度摆在一起，并一同置于博茨瓦纳人、祖鲁人、斐济人之下；把雅典同盟和十三世纪法国的封建制度摆在一起，并一同置于易洛魁人和阿洛柯人之下。

"简单"一词只有在表示整体中完全没有部分时才有确切的意思。因此，应当把简单社会理解为其中没有比它自己还简单的社会的一切社会，它不仅现在只有一个环节，而且不带有以往曾经有过数个环节的任何痕迹。我在另一著作[①]里解释过的斡尔朵[②]，就完全符合这个定义。斡尔朵是一个社会集合体，其内部不包括而且从未包括其他最简单的集合体，但可直接分解为个人。个人在大群体内部不再形成有别于大群体的特别群体。他们像原子一样并列于群体内部。我认为，没有比"斡尔朵"再简单的社会了。它是社会领域的原形质，因而也是一切分类的自然基础。

确实，不可能存在完全符合这一特征的历史社会。但是，正如我在《社会分工论》里所指出的，我们知道有许多社会是由斡尔朵的反复出现而直接形成的，并没有经过其他中间阶段。当斡尔朵如此变成一个社会环节，而不是一个完整的社会时，它改名为氏族，但仍保留着原来的结构特点。实际上，氏

---

① 见《社会分工论》，第189页。

② hord，为突厥族和蒙古族的氏族军事组织，元史一般译为"斡尔朵"。迪尔凯姆不是用的这个词的原义，此处系指临时结合在一起的、不固定的人类群体。——译者

族是一种不能再分解为其他的更小的集合体的社会集合体。人们也许会指出，一般来说，就我们今天所见，氏族都是由许多单独的家庭组成的。但是，首先，我认为这种小型家庭集合体的形成是在氏族之后，其理由我在此不加阐述；其次，严格说来，它们还构不成社会环节，因为它们不是一种政治单位。在凡是有氏族的地方，氏族都是最小的政治单位。因此，即使我们没有其他事实（这种事实是存在的，总有一天我会有机会对此进行阐述的）来证明斡尔朵的存在，氏族的存在，即由斡尔朵的联合而形成的社会的存在，也使我们能够设想最早出现的社会，是可以还原为真正的斡尔朵的最简单社会，并把这种最简单社会视为一切社会种的来源。

提出斡尔朵或单环节社会这一概念后（不管是把它理解为历史的实在，还是把它理解为科学的假设），我们就有了描绘社会类型的全部发展阶段所必须的支点。在斡尔朵那里，斡尔朵自我结合而形成新社会的方式有多少，就能分出多少基本类型；而在新形成的社会那里，它们的相互结合的方式有多少，也就能分出多少基本类型。我首先要谈的是由斡尔朵或氏族（斡尔朵获得的新名称）的简单再现而形成的集合体。这时，氏族还没有以包括所有氏族在内的总体与每个氏族之间的中间团体的形式联合起来。这些集合体就像斡尔朵中的个人那样，完全是并列存在的。这类社会的实例可在易洛魁人和澳大利亚土著的某些部落里找到，我们可以称这类社会为**简单的多环节社会**。阿尔科（arch）即卡比利亚人[①]部落也有这种性

① 北非柏柏人的一支。——译者

质。这是一种以村落为形式的定居的氏族联合。大概历史上有一个时期，罗马的氏族联合(curie)，雅典的氏族同盟(phratrie)就是这类社会。我上面所说的，是由属于前述的社会种的社会集合而成的社会，即简单合成的多环节社会。易洛魁人的联盟，卡比利亚人的部落联合形成的联盟，都具有这样的特征。联合起来而后建立罗马城邦的三个原初部族，最初各自也具有这样的性质。下面我要说的是双重合成的多环节社会。这种社会是由若干简单合成的多环节社会的并存或融合而产生的。城邦或部落集合体就是如此。它们本身是氏族联合的集合体，而氏族联合则可还原为父系氏族或母系氏族。还有日耳曼人的部落，它的伯爵封地数以百计，这些伯爵封地又以已经变为村落的氏族为最小单位。

我无须对上述的若干说明再作进一步阐述和深入研究，因为这里不是专门研究社会分类的问题。这是一个十分复杂的问题，像这样附带地讨论一下是不够的，它要求作一系列专门的长期研究。我想举几个例子来说明我的观点和指出应该如何运用方法方面的原理。也不能把上面讲的看作是对初民社会的全面分类。为了便于大家一目了然，我讲得稍微简单了一些，实际上，据我的推断，每一高级类型都是通过同一类型里的社会，即最靠近它的低级社会的再现而形成的。不过，以不同高度居于社会类型系谱树上的不同种的社会联合起来形成一个新种，也不是绝对不可能的。我至少知道这样一个例子，这就是由性质不同的民族组成的罗马帝国[①]。

① 但是，一般说来，组成新的社会种的各个社会之间不会有很大的差距，否则，它们就不会有任何精神上的一致。

但是，社会类型一经确定，就要根据构成该社会的环节保留了多少个性或者被全体同化，来区分每一类型中的各种变种。其实，我们知道，社会现象不仅要因其构成因素的性质不同而变化，而且因其构成方式的不同而变化；特别是因每个单独的集团保留其地方生活或全部融入全体的总生活，即随着集中程度的不同，而呈现出十分不同的样子。因此，我们应该研究这些环节社会是否在某一时刻完全融合为一体了。这种完全融合的存在，可由社会的原始构成不再对行政和政治组织产生影响这一点来确认。由此可见，城邦和日耳曼部落是有着明显差别的。在日耳曼部落里，以氏族为基础的组织虽然衰弱了，但一直存在到部落史的结束；而在罗马和雅典，氏族很早就成为世俗组织而不是政治单位了。

在如此构成的框架的内部，可以根据次要的形态学特点设法定出新的区分。但是，我决不认为继续进行上面所说的一般区分会有用处，其理由我将在后面加以阐述。再则，我也没有必要对此作详细的论述，只提出分类的原则就足够了。这个原则可表述如下：首先，以最简单的社会或单环节社会为基础，根据社会表现出的融合程度对社会分类；其次，再在各类社会的内部根据最初的多环节是否完全融合为一体区分出各类变种。

三

当读者看到我没有直接证明社会种的存在而断言社会种是存在的时候，可能会对我提出疑问。上述的准则无形中回答了这个问题。我上面叙述的社会分类法的原则本身，就已包含着关于社会种的存在的证明。

其实，我刚才已经讲过，各类社会不过是同一种单一的初民社会的不同组合而已。但是，同一种要素不能自我组合，而由它们组成的组合体虽然可以互相组合，但方式有限，尤其当组合要素为数不多时更是如此。比如，社会的环节就是这样。因此，所能进行的组合有限，而且大部分组合必然重复。这样，就出现了社会种。而且，某些组合可能只出现一次，但这并不妨碍社会种的存在。在这种情况下，可以说社会种只包含一个个体。[①]

因此，同生物学上存在种的道理一样，社会也有种。实际上，生物学上的种不过是根据生物机体的解剖学单位的不同组合而定出来的，不过就这一点而言，两者之间是有着很大的差别的。实际上，在动物身上，有一个特别因子使种的属性具有其他属性所没有的抵抗力，这指的是生殖。种的这一属性是世世代代不变的，所以根深蒂固地存在于机体之中。因此，尽管外在条件多变，它也不受个体环境的影响，而保持自身的同一性。这种属性虽会遇到外部的影响促其改变，但它有一种内在的力量使自己稳定，而予以抵制，这是指遗传习惯的力量。正因为如此，这种属性才表现得十分明显，并能准确地确定出来。然而，对于社会来说，它的种的属性缺乏这种内因。社会种的属性只能存在一代，因为不能逐代加强。事实上，从原则上来说，新产生的社会与产生它的社会并不属于同一个种，因为后者系通过重新组合而产生的，是另一种全新的结构。恐怕只有殖民可以与生物的胚胎生殖相比。但是，为了保持

① 罗马帝国不就是这样的吗？它在历史上似乎是独一无二的。

原来的文化，移民团体就不能与某种其他社会或其变种混合在一起。社会种特有的属性不能通过遗传得到使自己能够像生物那样抵抗个体变化的强大力量。但在环境的作用下，它们会无休止地变化和改变面貌。因此，当我们试图掌握社会种的属性时，则排除掩盖它们的一切可变标志后，所剩下的完全是无法确定其性质的东西。属性越复杂，这种不确定性自然越大，因为事物越复杂，其组成部分的组合形式就多样化。因此，在社会学上，种的类型，除去那些由最普遍和最简单的标志所规定的以外，并不像在生物学上那样具有十分明显的轮廓。[①]

① 在为本书初版(1895年)撰写本章时，我只字未提按社会文明程度对社会进行分类的方法。实际上，那时除孔德以外，还没有权威的社会学家提出过这样的分类，而孔德的分类现在看来也显然十分陈旧。后来，有些社会学家在这方面进行了一次尝试。比如，菲尔坎特的《人类的文化类型》(载于1898年《人类学档案》上)、萨瑟兰的《道德本能的起源与发展》和施泰因梅茨的《社会类型的划分》(载于《社会学年鉴》III，第43－147页)。不过，我们不在这里讨论它们，因为它们不是回答本章所提的问题的。这些论文所作的分类不是对社会种，而是对与此显然不同的历史阶段。法国自古以来经历了数个非常不同的文明形式：最初是农业，后来过渡到小手工业和小商业，再后来过渡到工厂手工业，最后才过渡到大工业。但是，不能承认，同一个集合的个体会发生三四次种的变化。种应当决定于最恒长的特性。经济、工艺等状况是很不稳定和十分复杂的现象，不能用作分类的基础。同样的工业文明、科学文明和技术文明，甚至很有可能出现在基本结构极不相同的社会。比如，日本可以引进我们的技术、我们的工业、甚至我们的政治组织，但它仍然不同于法国、德国，而属于另一社会种。我再补充一点：上述的那些尝试虽然出自一些优秀的社会学家，但只能得出模糊的、有争论的、用途不大的结论。

第五章　关于解释社会事实的准则

划分社会种，首先是为了便于解释事实而对事实进行归类的方法。社会形态学向社会学的正式的解释部分迈进了一步。这种解释的方法是什么呢？

一

大多数社会学家确信，只要指明现象起什么作用，扮演什么角色，就算是把它们解释清楚了。他们认为，现象的存在仅仅是为了扮演这种角色，除了使人清楚地或模糊地觉得它们在起着某种作用外，再没有什么别的决定性原因。因此，当他们确定了现象的真正作用，指出它们满足了什么社会要求时，就以为把现象解释得清清楚楚了。于是，孔德认为人类进步的全部推动力，就在于"直接推动人类从各方面不断改进其全部生存条件"[①]的主要意向，而斯宾塞先生认为是追求更大的幸福的欲望。他正是本着这条原理，用合作带来的好处来解释社会的形成，用军事合作产生的效益来

---

① 见《实证哲学教程》IV，第 262 页。

解释统治制度[1]，用更加完善地调节父母、子女和社会的利益的需要来解释家庭经历的变迁的。

但是，这种方法混淆了两个截然不同的问题。说明一个事实有何效用，并不等于说明这个事实是怎样产生的和为何成为现在这个样子的，因为事实产生的效用虽然要以事实的特有属性为前提，但效用本身并不能产生事实。我们对某些物的需求，并不能随心所欲地使这些物适合我们的要求，所以它也不能从无中创造出物来，使之存在。使物存在的是另外的原因。我们对于物所呈现的效用的感觉，可以大力激励我们使这种原因发生作用和产生结果，而不能凭空造出这种结果。这个命题不仅对于物质现象，甚至对于心理现象都完全适用。在社会学上，只要社会事实不因它的特殊的非物质性而使我们错误地以为它失去了全部固有的实在性，则这个命题也是无可非议的。因为从社会事实中只可看到纯精神的结合，所以觉得好像一旦有了社会事实的观念，或者至少认识到社会事实有效用，社会事实就应该自发地产生。但是，因为每一社会事实都是一种力量，而且是一种支配我们的力量的力量，又因为每一社会事实都有它们固有的特性，所以要使它们存在，仅凭意图或愿望是不够的，还必须有能够产生这种决定性力量的力量和能够产生这种特性的特性。二者在这种条件下，社会事实才能够存在。比如，要重新唤起已经衰微的家庭精神，只让大家都知道家庭精神的优越性是不够的，还必须直接求助于那些唯一可能产

① 见《社会学原理》III，第 336 页。（英文版 vol. II，part，V，ch. II，p. 247。——译者）

生家庭精神的原因。要想使政府拥有它所必需的权威，只觉得政府需要权威是不够的，还必须开发那些唯一能够产生权威的源泉，即形成各种传统和一种共同的精神，等等。而要做到这一点，还必须在因果关系的链条中上溯，一直找出能够有效地影响人类行为的那一环。

能够清晰地证明这两种研究的双重性的是：一个事实虽然从来没有负有任何重要的任务，或曾经有过效用，而后来失去了全部效用，只是由于习惯势力还继续存在着。也就是说，虽然完全没有任何效用，但仍然可以存在。实际上，这类名存实亡的东西，在社会中要比生物机体中多一些。有时，一种习惯或社会制度改变了其功能，但其性质并没有因此而改变。比如，“他是正式婚姻所承认的父亲”这一条文，仍按古罗马法原封不动地存在于今天的法典之中。但在古代，设立这一条的目的，是保护父亲对其合法妻子所生子女的所有权，而在今天，它主要是保护子女的权利了。再如宣誓，最初只是一种司法考验，而后完全变成一种庄严的、必要的证言。许多世纪以来，基督教的教义没有改变，但它在现代社会的作用，已与中世纪大不相同了。同样，还有那些用来表达新思想的语词，其语法结构并没有改变。此外，器官与功能并不一致这一命题，即同一种器官可能用于不同的目的，这无论在社会学上还是在生物学上，都是适用的。因此，器官存在的原因，并不与其目的一致。

另外，我并不想说人的意向、需求和欲望从不积极地介入社会的进化。相反，它们肯定会作用于社会事实赖以存在的条件，而促进或阻碍社会的发展。但是，它们不仅不能在任何情况下从无中

创造出任何东西,而且它们对于社会进化的介入本身,不管带来什么结果,都只能根据其动因而产生。事实上,只要人的意向本身是新的,不管是全部都是新提出来的,还是把以前的意向稍加改变而重新提出来的,在这种有限的范围内也可能促进新现象的产生。这是因为如果不假设有一种由上帝事先安排好的和谐,则人们就不会承认:在进化的过程中随时感到有希望实现的一切意向,在人生下来时就以潜伏的状况存在,并做好了在环境允许的时候激发出来的准备。要知道,意向也是一种物,所以也不能只因为我们认为它有益而自我形成或改变。它是一种有其固有特性的力,而要发现或改变这种特性,只认识它有某种用处是不够的。为了造成这种变化,就要使真能促进这种变化的原因发生作用。

比如,我在解释社会分工的不断进步时曾经指出,这种进步对于保证人们能随着历史的前进而适应新的生存条件是必不可少的。因此,我在解释社会分工的时候,十分重视这个被极不恰当地称之为自我保存本能的意向。但是,首先应该指出,只用这个意向还不能说明即使是最简单的专业化。这是因为如果专业化的现象赖以存在的条件尚未形成,即如果个人之间的差异因公共意识的日益暧昧和遗传影响的日益减弱而没有发展到足够大的时候,这个意向就毫无用处。然而,必须是分工已经存在,才能看到分工的益处,才能感到分工的需要。只是个人差异的不断发展,就预示着个人的兴趣和嗜好将有更大的差异,从而必然造成分工的后果。但是,此外,人的自我保护本能并非自发地、无原因地为专业化奠定了这个基础。人的自我保护本能之所以自己走向并把我们也引向这条新的道路,那首先是因为它过去走过的和引导我们走过的

道路已经行不通了，即随着社会结合得日益紧密，竞争更加激烈，以致继续从事非专业化工作的人们越来越难以生存了。这样，自我保护的本能就不得不改变方向。另外，这种本能之所以能够转向，而且主要是使我们的活动能够转向永远处于发展状态的社会分工，那是因为这个方向阻力最小，其他可能走的道路，就是迁移、自杀和犯罪。但一般说来，我们对乡土的留恋，对生命的珍惜，对同胞的同情，要比能使我们拒绝接受狭窄的专业化的习俗更加强烈和固执。因此，每当我们萌生迁移、自杀和犯罪的念头时，习俗必然让路。这样，我们即使部分地也不会回到目的论的道路上去，因为在社会学的解释中，我们不能不给人的需求留出一席之地。人的需求只有在自身也进化的条件下影响社会的进化，而它所经历的变化用本身没有任何目的的原因来解释。

但是，比上面的论述更有说服力的，还是社会事实本身。凡是目的论占优势的地方，都或多或少受着偶然性的支配，因为即使假定所有的人都处于同样的环境里，也没有一定要赋予人人以目的，更没有这样的手段。虽然大家都在同样的环境里，但每个人将按自己的性格、以自己认为最好的方式去适应环境。有的人会设法改变环境，使之与自己的要求协调；有的人则愿意改变自己，节制欲望。而为了达到共同的目的，可以有多种多样的途径，而且确实被人采用！因此，如果历史的发展确实在追求一些清晰地知道或漠然地感到的目的，则社会事实便会呈现出无限的多样性，而且几乎不可能对它们进行任何形式的比较了。但实际情况与此相反。毫无疑问，就各个民族而言，笼罩在它们的社会生活的表层的外在事件并不相同。个人也是如此，虽然每个人的身心结构的基础相同。但各个人的经历并不相同。实际上，只要我们稍一接触社会现象，就会惊讶地发现，情况与上述相反，在同样的环境里，社会现象以一种令人吃惊的规律性反复出现，甚至一些最细微的表面上看来十分幼稚的行为也以惊人的一致性反复出现。比如，像抢亲这种现在看来纯系象征的结婚仪式，在一定的家庭类型本身与整个政治组织联系起来的地方，依然到处可见。再如拟娩①、弟娶寡嫂、外婚制等最古怪的习俗，虽可见于各不同民族，但都是一定社会状况的病态。立遗嘱权产生于一定的历史时期，根据对它所作的限制的大小，就可以说出人们处于社会进化的什么阶段。还可以举出很多这方面的例子。但是，如果在社会学上目的因具有人们赋予它的优越性，则以集体形式出现的这种普遍性就无法解释了。

因此，当我们试图解释一种社会现象时，必须分别研究产生该现象的原因和它所具有的功能。我在这里之所以要用功能一词，而不用目的或目标等词，正是因为一般说来社会现象并不是为了它所产生的有用结果而存在的。应该确定的是，我们所研究的社会事实与社会机体的普遍需要是否一致，这种一致表现在哪些方面，而不必知道这种一致是否符合我们的意图。况且，有关意图的一切问题都太具主观性，不宜科学地加以研究。

关于社会事实的原因和功能这两类问题，不仅应该分别研究，而且一般说来应该先研究前者，然后再研究后者。这种先后次序实际上也是符合社会事实的次序的。自然应该先研究现象的产生

① 丈夫模拟妻子分娩的风俗。——译者

原因，而后再设法探明它造成的结果。这种方法也是很符合逻辑的，因为第一个问题一经解决，往往有助于第二个问题的解决。其实，原因与结果之间的牢固联系具有一种互补性，但这个性质还没有被充分认识。当然，没有原因就不可能有结果，而原因也需要有其结果。结果要从原因那里汲取力量，并且一有机会，就把这种力量还给原因，所以，除非不再受原因的影响，否则结果是不可能消失的。[①] 比如，以惩罚形式出现的社会抵制，出自被犯罪触犯了的强烈的集体感情，而惩罚反过来又具有使集体感情能维持到这样强烈的程度的有益功能，因为犯罪行为触犯了集体感情而受不到惩罚时，集体感情很快就会减弱。[②] 同样，随着环境的日益复杂和变化，已有的传统和信仰开始动摇，变成一种极其模糊而软弱无力的东西，而反省的能力却发展起来，但这种反省能力对于社会和个人使自己适应日益变化和复杂的环境是必不可少的。[③] 随着人们必须付出强度越来越大的劳动，劳动产品也就越来越丰富，产品质量也越来越好，但丰富而优质的产品，是要以更大量的劳动付出为代价的。[④] 由此可见，社会现象的原因决不存在于对社会现象应具有的功能的心理预测之中。相反，这种功能至少在多数情况下在于维护早先产生社会现象的那些原因。因此，只要我们先知道了社会现象的原因，其功能就十分容易找到。

① 在此，我不想触及一般哲学问题，因为这里不是讨论哲学问题的地方。但我要顺便指出，透彻地研究结果与原因的互补性，可以为我们提供一种能使科学的机械论予以生存，特别是保护生活为内容的目的论协调起来的手段。

② 见《社会分工论》第 2 章 I，II，特别是第 105 页以后。

③ 同上书，第 52、53 页。

④ 同上书，第 301 页及以后。

然而，我们把确定社会现象的功能放在次要的位置，这不是说它对于完整地解释社会现象并不重要。实际上，虽说事实的效用不在于使事实存在，但一般说来，事实要使自己能够继续存在，它本身必须是有用的。否则，它就毫无用处而有害了，因为在这种情况下，它只会造成支出而不能带来任何收入。因此，如果社会现象普遍具有这样的寄生性质，则社会组织的预算就只能出现赤字，而社会生活也就不可能了。所以，要想对社会生活做出令人满意的解释，就必须指出反映在社会生活上的各种现象是怎样互相协助，以使社会自身达到和谐并与外界保持和谐的。不错，认为生命的存在是内在环境和外在环境保持一致的这个流行说法是不严密，但一般说来还是正确的。因此，为了解释生命界的事实，只指明事实赖以存在的原因是不够的，至少在多数情况下还必须指出这个事实在建立这种一般和谐中所起的作用。

二

认识到原因和功能这两个问题以后，我们就应当规定解决它们的方法。

社会学家普遍采用的解释方法，基本上是心理学的、同时也是目的论的方法。这两种倾向是相互依赖的。实际上，如果说社会只是人们出于某种目的而建立起来的一套手段，则这种目的只能是个人的，因为在社会成立之前只存在着个人。因此，对社会的形成起了决定作用的观念和需要都只能来自个人。既然一切都来自个人，所以一切解释也就必须由个人开始。况且社会中除了个人的意识以外，再无任何东西存在。因此，社会的全部进化的原因也只能存在于个人意识之中。由此可知，社会学规律只能是更为一般的心理学规律的一个分支。对集体生活的最终解释，就是让人知道它是怎样来自人的一般本性的：是不经过事先观察而直接来自人的本性呢，还是经过观察而后把它与人的本性联系起来呢？

奥古斯特·孔德几乎逐字地用这些术语来说明其方法的特点。他说："既然从整体上来观察的社会现象实质上只是人性的简单发展，而不是某一权威力量的创造，所以，如我上面所述，通过社会学观察可以逐渐揭示出来的一切实际倾向，至少应以萌芽状态出现在生物学提前为社会学建立的基本类型中。"[①]这就是说孔德认为，在社会生活中起支配作用的事实是进步；而另一方面，这种进步又依存于纯心理因素，即依存于促进人性不断发展的倾向。他说，社会事实完全是直接来源于人的本性，以致在历史的初期阶段甚至可以直接从人性中演绎出来，而不必依靠观察。[②] 当然，孔德承认在进化到较文明的时期，是不能采用这种演绎方法的。但这种不可能纯粹是从实际出发。这是因为从出发点到终点的距离太长，以致人的精神没有向导而自行跋涉，这是有迷路的危险的。[③] 但是，人的本性的基本规律和社会进步的最终结果之间的关系并不是不可分析的。文明的最复杂的形式只能来自发达的心理生活。因此，即使心理学的理论不足以作为社会学推论的前提，也是可以检验通过归纳而确定的命题的可靠性的唯一试金石。孔

① 见《实证哲学教程》IV，第 333 页。

② 同上书，第 345 页。

③ 同上书，第 346 页。

德说:“任何一种关于社会兴衰发展的规律,即便具有一切可能的权威性,并且是以历史方法定出来的,也只有在它以直接的或间接的、但应是无争议的方式与关于人的本性的实证理论合理地联系起来以后,才能最终被人承认。”[①]因此,最终的发言权仍属于心理学。

这也是斯宾塞先生采用的方法。实际上,按照他的说法,产生社会现象的两大因素:一是宇宙环境,二是个人的身心构造。[②] 但是,前者只能通过后者对社会产生影响,后者才是社会进化的基本动力。社会之所以组成,就是为了使个人得以实现其本性;而社会经历的一切变革,也只是为了使个人本性的实现更加容易和更加完整。斯宾塞先生就是根据这一原理,在没有对社会组织作任何探讨之前,就认为应该用它的《社会学原理》一书的第一卷的全部篇幅来对原始人的肉体、情绪和智力方面进行研究。他说:“社会学这门科学,以按照我们所说的条件在人的肉体、情绪和智力参与下构成的并具有早就获得的观念和与其相应的感情的社会单位为出发点。”[③]于是,他认为政治的统治产生于对活人的畏惧,而宗教的统治则产生于对死人的畏惧。[④] 不错,他承认社会一经形成就会反过来影响个人。[⑤] 但不能由此就说,社会具有直接产生哪怕是最小的社会事实的能力。从这个观点来看,社会只是以个人在

① 见《实证哲学教程》IV,第 335 页。

② 见《社会学原理》I,第 14、15 页。(英文版 vol. I,part,I,ch. 2。——译者)

③ 同上书,第 583 页。(英文版 vol. I,part,I,ch. XXVII,p. 456。——译者)

④ 同上书,第 582 页。(英文版,同上,第 456 页。——译者)

⑤ 同上书,第 18 页。(英文版,同上,第 15 页。——译者)

它的作用下发生的变化为媒介才具有了原因的效力。因此，一切都永远只能来自人的原初的或派生的本性。此外，社会对于其成员所起的这种作用也不会有任何特别的性质，因为政治目的本身就没有什么具体内容，而只是个人目的的简单表达。因此，社会对其成员的作用只能是个人活动的自我回归。尤其在工业社会里，更看不到表现在什么地方，因为工业社会的目的就是要恢复个人的自由及其自然冲动，使个人摆脱一切社会束约。

这一原理不仅成为普通社会学的重要理论的基础，而且也使许多分科理论受到启示。比如，人们一般就是以父母对子女的感情和子女对父母的感情来解释家庭的建立，以婚姻带给夫妻双方及其子孙后代的好处来解释婚姻制度，以个人利益受到严重损害而会激起的愤怒来解释刑法的。经济学家，尤其是正统派经济学家所理解和解释的一切经济生活，最终都与希望致富这一纯个人因素分不开。那么，道德呢？人们把个人对自己的义务当做伦理的基础。宗教呢？人们认为宗教是对自然的强大力量和某些人的伟大人格的印象的产物，等等。

但是，用这种方法去解释社会现象，只会歪曲社会现象。证明这一点并不难，只要回顾一下前面我对社会现象所下的定义就够了。既然社会现象的基本特性在于从外部对个人意识施加压力，这就表明社会现象不是产生于个人意识。因而社会学也就不是心理学的分支。既然社会现象只是通过一种力量，或至少是通过或大或小的压力来影响我们，那么这种约束力就证明社会现象所表现的性质是不同于我们自身的性质的。即使社会生活仅仅是个体存在的延伸，社会生活也不会回到发源处而粗暴地侵犯个体存在。

如果个人在以社会的存在而行动、感觉和思想时所服从的权威时时都在支配着个人,那就说明这种权威是一种超越个人的、因而个人不能说明的力量的产物。个人所受的这种外来压力不可能来自个人,所以也不用来自个人的东西来解释。不错,我们并非不能约束自己,我们可以抑制我们的意向、习惯甚至本性,下禁令阻止它们发展。但不应该把这种禁止行动与作为社会约束的行动混为一谈。禁止的过程是离心的,而约束的过程则是向心的。前者首先在个人的意识中形成,然后逐渐由外及里,陶冶为个人的意志。如果我们愿意的话,也可以说禁止是使社会约束产生心理效应的一种手段,但它本身不是社会约束。

如果撇开个人,那就只剩下社会了。因此,必须从社会本身的性质中去寻求对社会生活的解释。实际上,我们知道,社会在时间和空间上都无限地超越个人,所以社会能将被它的权威所神圣化的行为方式与思维方式强加于个人。这种压力由群体施于个体,是社会事实的特殊标记。

但人们会说,既然个人是构成社会的唯一要素,那么社会学现象的最初起源就只能是心理学的。在作这种推论的同时,还可以很容易地认定,可以通过无机现象对生物学现象进行有分析地解释。实际上,可以肯定活细胞里只存在着无生命物的分子。只不过这些分子在细胞内结合起来了,而这种结合则是以生命为特征的新现象的原因。但在结合起来的分子中,任何一个里面连生命的胚芽都不可能存在。这是因整体并不等于分子相加的总和,而是另外一种东西,其属性与其组成部分的属性不同。结合并非像人们曾经认为的那样,是一种只是从外部把已形成的事实和属性

联系起来的而本身没有再创造能力现象。相反，结合难道不能是在事物的普遍进化过程中相继产生的一切新事物的源泉吗？在低等生物和其他生物之间，除了结合上的不同之外，还有什么别的不同吗？所有这些东西最终都能分解为性质相同的分子。但是，这些分子的这里是并存，在那里是结合，在这里以这种方式结合，在那里以他种方式结合。我们甚至可以思忖：这个规律是不是可以用于矿物界，无机物表现出来的差异是不是出于不同起源。

根据这个原理，社会并不是个人相加的简单总和，而是由个人的结合而形成的体系，而这个体系则是一种具有自身属性的独特的实在。毫无疑问，如果没有个人意识，任何集体生活都不可能产生，但仅有这个必要条件是不够的，还必须把个人意识结合或化合起来，而化合还要有一定的方式。社会生活就是这种化合的结果。因此，我们只能以这种化合来解释社会生活。个人的精神在相互结合、相互渗透和相互融合的过程中产生一种存在，说这种存在是心理的存在亦可，但它具有一种新的心理个性。[①] 因此，只能在此个性的性质中，而不能在构成此个性的各成分中，去寻找该个性产生的事实的直接的、具有决定性的原因。团体的思想、感觉和行为，与其单独的个体成员的这些东西全然不同。因此，如果我们从

① 这样，我们就知道可以和应该从哪些方面和出于什么理由来研究不同于个人意识的集体意识了。为了证明这种不同，没有必要使集体意识具体化。集体意识是一种特别的东西，应该以专门术语来表示，这只是因为在构成状态上，集体意识和个人意识有种属的不同。它们的这种不同起因于它们不是由同样的成分组成的。实际上，个人意识产生于孤立的有机的——心理的存在的本性，而集体意识则产生于许多的这种存在的结合。既然结合的成分如此不同，结果也就不可能相同。此外，我关于社会事实的定义也只在于以另一种方式标出这个分界线。

孤立的个人出发去研究，我们就完全不能了解团体内部发生的一切。总之，心理学和社会学之间，生物学和物理—化学各科之间，存在着同样的不连续性。因此，用一种心理现象直接解释一种社会现象时，可以肯定每次都将是错误的。

人们也许反驳说：社会一经形成，实际上就是社会现象的直接原因，所以使社会形成的那些原因都是心理性的。他们承认，个人结合起来时，就能产生一种新的生活；但他们又断言这种新的生活只是由于个人的原因才产生的。——而实际上，不管你如何上溯历史去考察，结合的事实是最大的义务，因为它是其他义务的源泉。我们一来到这个世界上，就担起了属于一定的民族的义务。有人说，后来我们一长大成人便因为我们要继续生活在自己的国家里，而同意了这项义务。但这有什么用呢？这种同意并不能取消它的命令性。接受或心甘情愿承受一种压力，并不能使它不再是压力。那么，这种同意会有什么意义呢？首先，它是被迫的，因为在绝大多数情况下，无论从物质上还是精神上来说，我们都不可能改变自己的国籍，而改变国籍甚至会被普遍认为是一种叛逆。其次，这种同意不能涉及我们可能并不同意的过去，但过去却规定了现在。比如我们所受的教育是未经我们同意的，但这种教育比其他原因更能使我们爱恋自己的国土。最后，在我们对未来尚不知悉的情况下，这种同意也不可能对于未来具有道德价值。我们还不知道他日成为公民后应该尽些什么义务，又怎么能预先接受它们呢？正如我在上面论证的，一切属于义务的东西的源泉都在个人的身外。有史以来，结合的事实具有的特征一直与其他事实的特征相同，所以也应该以同样的方法来解释它们。另外，任何社

会都是接续不断地直接来自其他社会，所以我可以断言，在社会进化的整个过程中，个人没有片刻时间去认真思考自己是否应当进入集体生活或进入哪种集体生活的问题。为了能够这样提出问题，就得追溯一切社会的最初起源。尽管我们对这个问题可能做出的结论经常令人怀疑，但无论如何不会影响我们研究历史提供的事实所应遵循的方法。因此，我无须在此对它赘述。

但是，如果由此得出结论，说我认为社会学应该甚至可以撇开人和人的能力不谈，那就真正误解了我的意思了。恰恰相反，在产生社会生活的劳动创造中，显现着人的本性的一般属性乃是显而易见的。只不过这种属性没有产生社会生活，没有赋予社会生活以独特的形态，只是使社会生活成为可能而已。集体的表象、情绪和倾向的产生原因，不是个人意识的一定状态，而是整个社会所处的各项条件。当然，这些条件只有在个体的特性不反对时才能实现，但个体的特性只是一种受社会因素的决定而经常变态的不定的素材。个体的特性的贡献只在于创造一种非常普遍的状态，即创造一种漠然的、因而具有可塑性的倾向，如果没有其他因素的介入，这种倾向便不可能具有使社会现象现出特点的明确的复杂形式。

比如，人在面对超越自己的强大力量时所产生的感情，与他对拥有自己的信仰、十分繁杂的仪式以及物质与精神组织的宗教制度所产生的感情是何等的不同！在两个血缘相同的人彼此产生同感[①]的心理条件与规定家庭结构、人际关系、人与物的关系等的那

---

① 假定它是先于一切社会生活而存在。关于这一点，参阅艾斯皮纳 Espina《动物社会》(*Société animales*)，第 474 页。

一套法律与道德准则之间，可以说有不可逾越的鸿沟！我们看到，一个社会的成员即便是一群乌合之众，他们所形成的集体感情，不仅不会与个人感情的平均值相同，而且会与之对立。如果个人所受的压力是当代人的影响力与前代人和传统的影响力结合的正规社会的压力时，集体感情与个人感情更要悬殊得多！因此，对社会事实作纯心理学的解释，必然忽略社会事实中的独特东西，即社会的东西。

这种心理学方法的不可靠性之所以未被那么多的社会学家发现，是因为他们把结果当作原因，经常把某些相对明确的、特殊的心理状态看作社会现象的决定性条件，但实际上，这种心理状态是社会现象所产生的结果。于是，他们认为某种宗教感情、基本的性爱、孝顺、慈爱等都是人生来就有的。所以他们总想用这些东西去解释宗教、婚姻和家庭。但历史却表明，上述这些倾向绝非人的本性所固有，或在某些社会环境下全不存在，或在社会变型时变得面目全非，失去了原来的彼此间的各种差异，所剩下来的只能被视为心理的产物，变成一种空泛的、难以捉摸的与需要说明的事实很难联系起来的东西。由此可见，这些感情并非集体组织的基础，而是集体组织造成的结果。我们甚至无法证明，喜欢群体生活自古以来就是人类的天性。把它视为在我们身上慢慢形成的社会生活的产物倒是合乎情理的，因为观察已经证明，动物能否群居取决于其栖所的条件是否需要它们群居。——还要补充的是，在这种非常明确的倾向与社会现实之间还存在着相当大的距离。

另外，还有一种方法可以几乎完全把心理因素划分出来，以明确它们的影响范围。这就是研究人类以什么方式影响社会的进

化。实际上,种族的特性属于生理和心理的范畴。如果心理现象能够有效地影响社会,发生它们具有的因果效用,则社会生活就应该随着种族特性的变化而变化。但是,我们还从来没有发现一种社会现象是完全依存于人种的。当然,我们不能说这是一个定律,但至少可以认定它是我们实际生活中常见的事实。一些同一种族的社会,其社会组织形式却彼此极不相同,而一些不同种族的社会,其社会组织形式却彼此明显相似。城邦组织,罗马人和希腊人有过,腓尼基人也曾有过,而且在卡比尔人那里还正在形成。父系制家庭,在犹太人和印度人中几乎有着相同的发展,但在斯拉夫人那里并不存在,虽然斯拉夫人也同印度人一样,同属雅利安人种。相反,斯拉夫人的家庭形式却与阿拉伯人的相同。母系制家庭和氏族,到处都可以见到。然而,在一些人种上极不相同的民族中,诉讼程序和婚姻礼仪的细节却是相同的。既然如此,这就说明心理因素规定社会现象的变化,乃是常见的事。因为心理因素不能决定社会形式,所以它就不能解释任何一种社会形式。不错,有一些事实常被归因于人种的影响。特别是人们喜欢这样来解释为什么在雅典文学艺术得到那样迅猛的发展,而在罗马却发展得那么缓慢无力。但是,对事实的这种解释只是一种古典的说法,从未得到有系统的证明。它的权威性似乎完全依靠传统。人们甚至没有试图对同样的现象作过社会学的解释,以确定这样的解释能否成功。但我敢断定,作社会学的解释一定会成功。总之,如果如此轻率地把雅典文明的艺术特点归因于雅典人天赋的美学才能,则几乎同中世纪人们拿燃素来解释火,拿催眠力来解释鸦片的效力没有两样。

最后，即使社会进化的根源确实存在于人的心理结构之中，那我们也不能知道这种进化是怎样发生的，因为那就必须承认社会进化是以人性的某种内在力量为动力的。但是这种力量会是一种什么力量呢？它是孔德所说的驱使人们逐步实现其本性的那个本能吗？但如果是这样，那就等于以问题来回答问题，以人们追求进步的天性来解释进步。这实质上纯粹是一种形而上学，而且是一种无法证明其存在的形而上学。因为各种动物，甚至是较高级的动物，也没有一种是因为进步的需要而生存的。就是在人类社会中，安于死气沉沉的状态而不求进步的人也为数不少。那么，这种力量是像斯宾塞先生所认为的那样，是由越来越复杂的文明形式越来越全面地实现的那种对最大幸福的需要吗？这样，就必须证明幸福的增大要靠文明来实现，但我已在另一著作里[①]指出，这个假设会带来许多难以解决的问题。还不止于此，如果这两个假设中有一个被承认，则历史的发展就不可理解了，因为由此作出的纯粹是目的论的解释，而我在前面已经指出，社会事实同一切自然现象一样，不能只根据它们用于某种目的而加以解释。当我们完全证明在历史发展过程中相继存在的越来越完善的社会组织收到了日益充分地满足我们的这种或那种基本爱好的效果时，不等于说明了这些社会组织是怎样产生的。这些社会组织是有作用的这一事实，并没有使我们知道它们是由什么创造的。即使我们知道怎样构想这些组织，怎样像做计划一样预先设计好这些组织，使它们按照我们的意图为我们服务（但已不是容易的事），我们想建立社

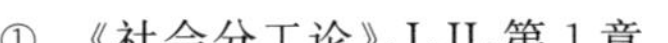

① 《社会分工论》，I，II，第1章。

会组织的愿望也没有力量从无中创造出社会组织来。总之，即使我们承认社会组织是达到我们所追求的目的所必需的手段，这些手段是怎样形成的，即它们是根据什么和通过什么形成的这一问题也依然没有解决。

于是我们得出如下一条准则：一种社会事实的决定性原因，应该到先于它存在的社会事实之中去寻找，而不应到个人意识的状态之中去寻找。另一方面，人们也不难明白，上述这条准则也可像决定社会事实的原因一样，用来决定社会事实的功能。社会事实的功能只能是社会的，即它能产生有益于社会的效用。当然，社会事实可能，而且实际上也在以最终结果的形式有利于个人。但是，这种幸运的结果并不是社会事实之所以存在的直接原因。因此，我们可以对上述准则作如下补充：一种社会事实的功能应该永远到它与某一社会目的的关系之中去寻找。

因为社会学家往往不承认这条准则，以纯心理学观点去认识社会现象，所以他们的学说在许多人看来极其混乱，极其含糊，与他们所要解释的事物特有的性质相距甚远。特别是那些非常熟悉社会现实的历史学家，不能不痛切地感到，实在是无法把这种过于空泛的解释与社会事实联系起来。毫无疑问，这也是历史学经常对社会学表示不信任的部分原因。当然，这并不是说，心理事实的研究对社会学是不需要的。即使集体生活不是由个人生活所派生，两者之间也有紧密的关系；即使前者不能解释后者，那它至少会使解释后者的工作容易一些。首先，如我前面所述，社会事实是对心理事实进行特别加工的产物，这是无可辩驳的。不仅如此，这种加工本身与发生在每一个人的意识中的并逐渐变成个人意识的

最初成因(感觉、反射、本能)的那种加工也不无相似之处。把"我"称为机体,说它是一种特殊的社会,似乎不无道理;而且,很久以前心理学家就已证明结合的作用对于解释精神生活有着极其重要的意义,因此,对于社会学家来说,心理学方面的修养是比生物学方面的修养还要重要的预备教育。但是,社会学家在掌握了心理学知识以后必须摆脱它的约束,并以社会学的专业知识加以完善而超过它。这样,心理学修养才能有用。社会学家必须放弃把心理学作为其研究工作的所谓中心的做法,即不要把心理学作为他的研究工作的出发点,也不要把心理学作为进入社会学界的终结点。他必须置身于社会事实之中,以便直接地而不是间接地观察社会事实;同时,要只把关于个人的科学当作一般的预备知识,必要时利用它的有益思想。①

三

因为社会形态学事实与生理学现象具有同样的性质,所以,也应该用我上述的准则来解释社会形态学事实。但从前面的全部论

① 心理现象只有在与社会现象紧密结合,达到两者的作用必然汇合在一起的时候,才能产生社会的结果。某些社会—心理事实就属于这种情况。比如,一位官员是一种社会力量,但他同时又是一个个人。因此,他可以把自己拥有的社会力量用于其个性所指向的方面,从而对社会的状况产生影响。政治家,而最常见的是天才人物,常有这种情况。天才人物即便不担任公职,也能依靠大家对他们的集体感情而获得一种权威。这种权威也是一种社会势力,并在一定程度上能被用于个人的目的。但有人认为,这种情况只能归因于个人的机遇,不能影响作为社会学研究对象的社会种的结构特征。因此,上述原则的局限性,对于社会学家来说,并不太重要。

述可知，社会形态学事实在集体生活中，因而在社会学的解释当中起着重要作用。

实际上，如果按我前面所述，结合这一事实本身是决定社会现象的条件，那么，社会现象就应该随着这种结合的形式即社会各部分的合成方式的变化而变化。另一方面，同解剖学的各部分按照它们在空间所占的位置构成机体的内部环境一样，社会的性质不同的成分结合后形成的一定的整体构成了社会的内部环境，所以我们也可以说：一切比较重要的社会过程的最初起源，应该到社会内部环境的构成中去寻找。

甚至还可以说得更准确一些。实际上，构成这个环境的有两种成分，一种是物，另一种是人。物中除了存在于社会之中的有形物体外，还应该包括以前的社会创造的东西，如已经建立的法律，已经形成的风俗，不朽的文学、艺术作品等等。但是，显而易见，无论哪一种物都不能产生决定社会变革的力量，因为它们没有任何驱动力。当然，在解释社会变革的时候，可以把它们考虑进去。事实上，它们对于社会的进化具有一定的影响，进化的速度、甚至进化的方向，就是因这种影响而改变的。但是，它们没有可以使社会的进化发生变动所必要的东西。它们是社会活力指向的目标，但它们本身毫无活力。因此，只有所谓的人间环境才是驱动的因素。

因此，社会学家的主要精力应该用于发现这种环境的能够影响社会现象发展的各种属性。至今，我们发现有两种非常符合这个条件的属性。一种是社会单位的数目，即我们所说的社会容量；另一种是人群的集中程度，即我们所说的动力密度。应当把动力密度理解为集合体的纯精神的凝结力，而不应当把它理解为集合

体的纯物质的凝结力。如果一些个人，或更确切地说，由个人组成的群体在精神方面空虚，他们的集合体就不可能有效果。纯物质的凝结力不过是纯精神的凝结力的补充，但往往能帮助后者产生效果。在社会容量的一定条件下，动力密度可以根据实际上不仅在交易方面，而且在精神方面参与活动的人数计算出来，即可以根据互相交换劳务和竞争的人数以及生活在共同体里的人数计算出来，因为在纯经济关系的条件下，人人都把对方看成了外人，所以人们不参加集体生活也可长期保持这种关系。越过把两国人民分隔开的国界进行的交易，并不因国界不再存在。而共同生活只能依靠共同生活的人的有效合作来实现。因此，最能表现一个民族的动力密度的，是社会各环节的结合程度。如果社会的各部分各自为政，各行其是，互不往来，那么，它们的成员的行为一般就得局限在自己圈子里；相反，如果社会的各部分都混合于或希望混合于社会总体之中，那么，社会生活的范围就会扩大到整个社会。

现在来说物质密度。最低限度，不仅要把它理解为单位面积的居民数，而且要把它理解为通讯、交通的发展程度。它通常是与动力密度同步的，而且一般来说，可以用来衡量动力密度，因为如果各部分的居民希望相互接近和往来，那么他们自然就要修筑使他们能够相互往来的通路；另外，相距甚远的社会群体之间要建立各种关系，那就只有使他们之间的距离不再是障碍，也就是说，必须消除这个距离。但也有例外[①]，而且如果我们总是根据社会的

① 在《社会分工论》里，我曾错误地把物质密度说成是动力密度的准确表述。但从动力密度的经济效果来说，比如从社会分工是纯经济事实来说，用前者代替后者，又是绝对合理的。

物质集中程度来判断社会的精神集中程度，那我们就会犯严重的错误。公路、铁路等对于商业活动的作用大于对绝非自愿的民族联合的作用。比如在英国，它的财富密度超过了法国，但它的各环节的融合程度，如在它的乡土精神和地方生活上所表明的，却不够高。

我在另一部著作中已经指出，社会的容量与动力密度的全面扩大是怎样使社会生活日益活泼，扩大了个人的思想视野和活动范围，而从根本上改变了集体生活的基本条件的。在此，我不必去重述我在那里对这个原理的应用所作的解释，而只作如下的补充：这个原理不仅为我探讨我所研究的更加普遍的问题提供了便利，而且也为我研究其他许多更为特殊的问题给予了帮助，从而使我已从大量的经验中证明了它的正确性。然而，这并不足以使我认为我已经找出了对于解释社会事实可能起作用的社会环境的所有特点。我能说的只是找到了这些特点，至今其他特点还没发现。

但是，我们如此重视社会环境，特别是人间环境，并不表明我们必须从其中去寻找一种最后的、绝对的事实，而不必再往下找了。显而易见，并非如此，因为人间环境在历史的每个时期的状态本身要依存于许多社会原因，其中有些为社会本身所固有，而另一些则依存于这一社会与相邻社会的相互关系。另外，科学并不承认有绝对的第一原因。在科学看来，一个事实能够相当普遍地解释大量的其他事实，才是第一事实。社会环境自然属于这类因素，因为社会环境中发生的变化，不管其原因如何，都要反映在社会机体的各个方面，并必然不同程度地影响社会机体的功能。

我们对社会的一般环境所述的一切，也完全适用社会所包含的各个群体的特殊环境。比如，家庭规模的大小，持家的勤俭和奢侈，会使家庭生活全然不同。同样，如果改变行会的组织，使每个行会在全境内都有分支机构，而不像以往那样仅局限于城里，那么它们所起的作用就同以往大不一样了。一般说来，随着一种行业的固有环境之保持稳定，还是像今天这样开始松弛，职工的生活也将极不相同。但是，这种小环境的变化，不会对大环境有重大影响，因为小环境本身是处在大环境的影响之下的。往往是大环境最终影响小环境，正是大环境对各个团体施加的压力，才使社会团体的结构发生了变化。

这种视社会环境为社会进化的决定性因素的认识，具有极其重要的意义，因为如果没有这个认识，社会学就不实现或者为了获得更大幸福而不断超越既得成果的内在意向，而社会学的目的就在于进一步找出这种意向的发展顺序。但是，即使不考虑这种假说所含有的困难，表现这种发展的规律也无论如何不能向我们提供任何说明因果关系的材料。实际上，因果关系只能出现于两种既定的事实之间，但被认为是这种发展的原因的内在意向不是既定的，而只是人们根据自己所希望的结果进行的假设和构想。这是一种为了说明运动而由我想象出来的原动力。但是，一种运动的动力因只能是另一种运动，而不是本身的潜能。因此，我们在这方面实际上所能得到的一切，只是一系列彼此之间并不存在因果关系的变化。一种状态并不产生紧接其后的状态，两者之间的关系完全是时间前后的问题。因此，在这样的条件下，一切科学预见都是不可能的。我们可以说清事物是怎样相继发展至今的，但不知道它们今后会以什么样的次序相继发展下去，因为规定它们如

何发展的原因没有科学地规定出来，而且也不可能规定出来。不错，人们通常以为进化将沿着过去的发展的方向继续前进，但这只不过是一种简单的推断。没有什么东西能够使我相信，既然已经实现的事实十分充分地表现出这种意向的性质，所以我们就可以根据这种意向迄今的逐次升高而预先能确立任何一种因果关系。

实际上，没有这类原因，就没有社会现象所能依赖的伴随条件，因为即使外在的社会环境即由周围社会所形成的环境可能发生某种作用，那也只是影响社会的进攻和防御功能，而且只能通过内在的社会环境才能使人感觉到它的影响。因此，历史发展的主要原因不是存在于目前的事件（circum fusa）之中，而全部存在于过去。它们本身就是这一发展的组成部分，只不过属于更为古老的阶段。社会生活中的目前事件并非来自社会的目前状况，而是来自以往的事件，来自以前的历史事件。社会学的解释完全在于把现在和过去联系起来。

确实，可以认为这样解释就够了。人们一般不是说历史学的目的不就是按照事件发生的顺序把它们串连起来吗？但这不能说明在一个时期达到的文明状态怎样才能成为后继的文明状态的决定性原因。人类相继经历的各阶段，并不一定是先者生出了后者。不言而喻，法律、经济、政治等制度在一定时期达到的进步，能够带来新的进步。但前面的进步是怎样预先决定了后面的进步的呢？前面的进步是使我们能够再向前进的出发点，但激励我们前进的是什么呢？这就必须承认有一种能够促使人类为了完全的自我测出它将来可能达到的极限。那么，这种意向经由的并留下它的痕迹的路线，为什么必须是直线的呢？

实际上，正是因为如此，社会学家所确立的关于社会现象的因果关系才这样为数有限。除了孟德斯鸠这个最著名的例子以外，以往的历史哲学仅致力于寻找人类发展的总方向，而没有设法把这种进化的各阶段与任何一种伴随条件联系起来。孔德对于社会哲学有过很大的贡献，但他为社会学问题设置的框框与前人并无不同。因此，他那著名的三阶段说[①]也不含有什么因果关系；就算他的这个规律是正确的，那也只能是而且不能不是经验的产物。这只是对人类历史的粗略一瞥而已。孔德把其三阶段说中的第三阶段视为人类的最终状态，未免太武断了。谁敢说将来不会出现另一个阶段？最后，斯宾塞所说的在社会学中占统治地位的定律，也没有与此不同的性质。即使我们今天确实希望从工业文明中去谋求幸福，那谁也不能保证我们今后就不从其他文明中去谋求幸福。上述这种方法之所以流行不衰，那是因为人们总是把社会环境看成是实现进步的手段，而不是决定进步的原因。

另一方面，也应当从社会现象对社会环境的关系来评价社会现象的有用价值，即我们所说的社会现象的功能。在社会环境引起的变化中，只有适合社会环境所处的状况的变化才是有用的，因为社会环境是集体生存的根本条件。这样看来，我更相信我方才提出的看法是重要的，因为只有它才能解释社会现象的有用性何以不依人们的意志为转移而发生变化。当然，如果

① 指孔德关于人类理智发展的三阶段说。孔德认为，在整个世界发展中，群体、社会、科学，甚至个人思想，都经历了三个发展阶段：1. 神学阶段（约 1300 年以前），又名虚构阶段；2. 形而上学阶段（约 1300－1800 年），又名抽象阶段；3. 科学阶段（1800 年以后），又名实证阶段。——译者

以具有推动作用的意向只有一个目的为由而从背后推动的力量(vis a tergo)所驱使，那也只能有一个评价社会现象的有利性和有害性的标准了。这样，也就只有一种，而且只能有一种完全适合人类的社会组织了，而历史上相继出现的不同社会只是这唯一社会模式的近似形式而已。无须在此指出这种对于社会形式的过于简单化的认识与人们公认的社会形式的多样化和复杂化，在今天是多么不相一致。相反，既然社会制度的适合与不适合只能根据它所在的社会环境来评定，那么，在社会环境不同时，评定的标准也就不同了。从而就有了性质互不相同但能同样以社会环境的性质为基础的多种类型。因此，我们现在讨论的问题，就与社会类型的划分有着密切的关系。社会种之所以有多类，这首先是因为集体生活依存于各种不同的伴随条件。如果相反，社会事件的主要原因都存在于过去，那么每一个民族就只能是其前身的延续，而不同的社会也就失去了各自的特性，只能成为同一民族发展的不同阶段。另一方面，因为社会环境的构成完全取决于社会组合体的组合方式，甚至这两个术语实际就是同义语，所以我们现在就能证明，没有比我们前面作为社会学上的分类的依据提出的各种特征更重要的特征了。

现在，我们总算比以前更加清楚地看到，人们根据环境和外在条件这两个用语来指责我的方法，说我到生命体之外去找生命的起源乃是特大错误。完全相反，我在上面所作的一切论述，归纳起来就是这样一个观点：社会现象的原因存在于社会的内部。正是那种认为社会是由个人产生的理论才应当作为试图用外在的东西说明内在的东西的理论而受到指责（因为它以社会之外的东西来解释社会)以及作为认为大的东西是由小的东西产生的理论而受到指责(因为它试图从部分引出全体)。我前面所述的各项原则,绝未忽视生命体的自然属性,而如果把它们运用于生物学和心理学,就会承认个体的生命也完全是在个人的内部形成的。

四

从前面确立的一系列准则可以得出对社会和集体生活的一定理解。

在这个问题上,两个不同的理论把学者分为两个阵营。

第一个阵营里的霍布斯和卢梭认为,个人与社会是对立的。因此,人天生就抵制共同生活,只有依靠力量才能使他们接受共同生活。社会的目的不仅不会与个人的目的完全符合,反而与个人的目的相悖。因此,为了引导个人追随社会的目的,就必须对人进行约束,而主要是在社会活动方面建立和组织这种约束。只是因为个人被视为人间的唯一实体,所以以限制和遏止个人为目的的这种约束就只能被认为是人为的。既然它的目的在于对人施加压力,以免出现个人反对社会的结果,所以,它不是以人的本性为基础的。它是一种人造物,一部完全由人的双手制作的机器,并像一切这类制品一样,人们喜欢什么样式,就把它做成什么样式。意志既可以下命令创造它,又可以下命令改变它。霍布斯和卢梭似乎都没有发现在承认个人制造一部以控制和约束他自己为主要功能的机器时所存在的全部矛盾。或者至少在他们看来,只要巧妙地订出社会契约,使矛盾的牺牲者看不出矛盾,就可以消灭这种矛盾。

自然法理论家、经济学家和最近的斯宾塞先生[1]，受到与此相反的思想的鼓舞。在他们看来，社会生活本质上是自然发生的，社会是自然物。他们虽然赋予社会以这种性质，但并不承认社会具有独特的性质，而是到个人的本性中去找社会的基础。他们也同以前的思想家一样，并不认为社会是一个依靠特殊的原因而自我独立存在的现象。以前的思想家认为，社会只是一种没有用任何纽带与现实联系起来的、也可以说是悬在空中的契约性组织。人生来说有从事政治、家庭、宗教生活和交易活动等倾向，社会组织就是由这些自然倾向产生的。因此，凡是社会组织正常的地方，就没有必要把它强加于人。当它借助约束的力量时，那就说它已不处于应有的状态了，或者说社会环境不正常了。原则上，是只让个人的力量自由发展，以在社会中自行活动。

我的学说与上述两种学说都不相同。

不错，我认为约束是一切社会事实的特性。只不过我所说的这种约束不是使用一套巧妙的办法，让人们掉进圈套也不觉察出来。这种约束只是让个人面对管理他的那个力量时表示服从，但这个力量是自然的。这个力量不是由人的意志强加给现实的那种契约性组织，而是产生于现实的深处，是既定原因的必然产物。因此，为使个人自愿服从这个力量，不必使用任何诡计，只让个人意识到自己自然处于从属的和软弱的地位，即通过宗教使个人对这种地位产生感性的、信条化的认识，或通过科学使个人对这种地位形成一种适当而明确的观念，就够了。因为社会对于个人的优势

① 孔德在这个问题上持极其模糊的折中主义态度。

不只是物质的，而且也是理智的、精神的，所以只要社会正确掌握这个优势，就不会有滥用自由的危险。反省在使人认识到社会存在比个体存在更为丰富、更为复杂、更为久远后，就能使人们清楚地知道个人为什么要处于从属地位，习惯为什么要求个人在内心里永久有依恋和尊重社会的感情的理由。①

只有一种非常肤浅的批判可能指责我的社会约束的观点，说我只是重复了霍布斯和马基雅维里的学说。我与这两位哲学家相反，认为社会生活是自然的，但这并不是说我要到个人的本性中去寻找社会生活的根源，而是说社会生活直接来源于本身就是一种特殊的自然的集体存在。也就是说，社会生活来自一种把个人的意识结合起来而加以改造从而产生新的存在形式的特殊加工②。因此，如果我同霍布斯和卢梭一样，认为社会生活是从约束的方面看待个人的，那我就得同斯宾塞和正统派经济学一样，也承认社会生活是现实的自发产物了。而且这两种表面上看来矛盾的因素又能从逻辑上联系起来，那是因为产生社会生活的现实超越了个人。

---

① 因此，并不是一切约束都是正常的。只有那些与社会优势即理性或道德优势一致的约束，才可称为约束。但是，如果一个个人依靠自己比别人强大或富有而对别人实行约束时，尤其是当他的财富并不表示其社会价值时，这种约束就是不正常的，而只能依靠暴力来维持。

② 我的理论与霍布斯的理论的不同，超过它与自然理论的不同。实际上，自然理论的拥护者认为集体生活只有在它能够从个人的本性中演绎出来的时候才是自然的。但是，严格说来，只有社会组织的最普遍的形式才能由这个来源产生。至于社会组织的细部，因为它们与最普遍的心理属性相距太远，所以不能与这个来源联系起来。看来，这一学派的信徒似乎也同他们的反对者一样，都认为社会组织的细部是人为的。我的看法与他们完全相反，认为一切都是自然的，甚至那些最专门的设施也是如此，因为一切都是按照社会的本性建立起来的。

这就是说，约束和自发产生这两个术语，在我使用的时候并没有霍布斯关于约束和斯宾塞关于自然发生的解释的含义。

总而言之，对于大多数想要合理解释社会事实的试图，可以从它们放弃关于社会纪律的一切观念，或从它们只能依靠荒谬的手段来维持社会纪律，而加以批驳。与此相反，我前面所述的各条准则，可以创造出一种认为整个公共生活的基本条件在于有遵守纪律的精神，把这种条件建立在理性和真理的基础之上的社会学。

第六章　关于求证的准则

我们只有一个方法证明一个现象是另一个现象的原因，这就是比较它们同时出现或同时消失的情况，考察它们在不同环境下结合时表现出来的变化是否证明它们是相互依存的。如果它们能够按观察者之意人为地再现，那就采用严格意义上的实验方法。如果相反，事实的产生并非我们所能支配，我们只能比较那些自发地产生的事实时，那就应该采用间接的实验方法或比较方法。

前面已经讲过，社会学的解释只是确立现象的因果关系，即把一个现象与产生的原因联系起来，或者相反，把一个原因与其所产生的有用结果联系起来。另外，因为社会现象显然不能由观察者所左右，所以只有比较方法适合于社会学。不错，孔德认为，只用比较方法还是不够的。在他看来，这种方法必须以他所谓的历史方法来补充。但是，他的这种想法，来因于他对社会学规律的特殊认识。他认为，社会学所应表现的，主要不是已经确定的因果关系，而是整个人类进化的方向；因此，社会学规律不能靠比较来发现，因为要比较一种社会现象在不同民族中的不同形态，就必须使这种现象脱离它所属的时间序列。但是，一开始就这样把人类的发展割裂，以后便不可能找出人类发展的方向了。要想找到这个方向，不能用分析方法，而要用便于操作的广泛的综合方法。也就

是必须使人类相继发展的状态连接起来，用某种直观的方法把这些状态结合起来，以发现人类的“身心、道德和政治方面的各种倾向的不断发展”[①]。这就是孔德所说的历史方法的存在理由。但是，一旦抛弃孔德主义社会学的基本概念，这种方法也就毫无用处了。

不错，密尔认为实验方法，甚至间接的实验方法，对社会学是不适用的。然而，他却把这种方法用于生物学现象的研究，甚至用于更为复杂的物理—化学现象的研究[②]，这足以在很大程度上降低了他的看法的权威性。当然，今天我们已经无须再去证明化学和生物学只能是实验科学了。他认为在社会学上不能采用实验方法的论点，也是没有道理的，因为社会现象和生物学、物理—化学诸现象相比，仅仅是社会现象更为复杂了而已。这种不同充其量只能说明，在社会学上，运用实验的推理比在其他学科更为困难。但是，我们不理解为什么在社会学上根本不可能运用实验方法。

另外，密尔的这一套理论是建立在一个公设的基础之上的，而这个公设毫无疑问与他的逻辑学的基本原理有联系，但与科学的全部结果有矛盾。即他承认同一结果并不总是来自同一前提，认为它有时由这一原因产生，有时由另一原因产生。关于因果关系的这种看法，在使这种关系失去一切确定的意义的同时，还使它几乎不可能达到科学的分析，因为这种看法使本来就很复杂的因果关系更复杂了，以致人们的精神在其中迷路而走不出来。如果一

① 见《实证哲学教程》IV. 第 328 页。

② 见《逻辑体系》II. 第 478 页。（英文版 vol. II, book VI, ch. VII, p. 476。——译者）

个结果可以由不同的原因产生，则为了查明总体环境中的那个条件，对于这个结果的产生发生了决定性作用，就必须对这些条件一个一个地进行实验，而实际上这样的实验是不可能的，尤其在社会学上更是如此。

然而，这种主张原因有许多种的公理，是对因果定律的否定。毫无疑问，如果我们也和密尔一样，相信原因和结果是绝对不同质的，它们之间没有任何逻辑上的联系，那么，承认一个结果时而由这一原因产生，时而由另一原因产生，也毫无矛盾的感觉了。假如C与A之间是一种纯时间关系，那么这并不排除C与B之间也是一种纯时间关系。但因果关系与此不同，如果说它具有某种可理解性，那它就不可能是不确定的。如果说它是一种来自事物的本性的关系，则同一结果只能是一个原因的产物，因为这种关系只能表现一种本性。但是，哲学家们却一直怀疑因果关系的可理解性。而对于科学家来说，这里并不存在问题，因为因果关系是以科学方法为前提的。否则怎能去解释演绎法在实验推理中的十分重要的作用，以及因果的比例关系的根本原理呢？对于被引用来观察原因的多数性事例，为了使它们能有证明力，就得事先查明原因的多数性不只是简单地见于外表，而且要查明结果的外表上的单一性没有掩盖实质上的原因的多数性。科学曾多次把那些乍一看来显然是多数的原因简化为单一原因。斯图尔特·密尔本人就曾举例说：根据现代的理论，摩擦、撞击和化学作用等产生热，都是由同一原因所致。而对于结果，科学家往往可以把被普通人混为一谈的结果分得一清二楚。一般常识认为，“发烧”这个词只表示同一种疾病，而从科学上来说，有许多种性质不同的发烧，有多少种原因

就产生多少种结果。如果说这些不同的疾病之间还存在着某种共同的东西的话,那是因为引起这些疾病的原因的某些属性也有相似的地方。

许多社会学家至今还在这种原因多数性的原理的影响之下,他们即使不反对比较方法,也必须摆脱这个影响。比如,现在人们常说,犯罪也可以由多种极不相同的原因造成,自杀和刑罚等也是如此。如果我们按照这种思想进行实验推理,那么,即使可以搜集到足够多的事实,也永远不可能得出正确的规律和明确的因果关系来。在这种条件下,我们只能把没有弄清楚原因的结果,稀里糊涂地归因于一大堆含混不清的前提。因此,我们要想以科学的态度,即遵照来自科学本身的因果定律来使用比较方法,那我们就必须把下述命题作为比较的基础:同样的结果总是有其同样的原因。我们还以上面所说的自杀为例。如果说自杀是由两个以上的原因引起的,那实际上就是说自杀有许多种。犯罪也是如此,而刑罚则相反。人们之所以一直认为刑罚可以用种种不同的原因来解释,那是因为人们没有发现,在所有的前提里存在着一种共同的因素,而正是由于这种共同的因素,这些前提才产生了相同的结果[①]。

二

然而,即使各种比较方法都可以用于社会学,它们并不都具有同样的证明力。

① 见《社会分工论》,第 87 页。

比如所谓的剩余法[①]，虽说它也是实验推理的一种形式，但可以说它对研究社会现象毫无用处。它只能用于那些相当先进的科学，因为它要以许多关于规律的知识为前提；而社会现象是十分复杂的，以致只有在一定情况下，才能从许多原因中准确地找出一个原因所造成的结果。

同样的道理也使契合法和差异法难以用于社会学。实际上，这两种方法的前提是：要求所比较的现象只在一个点上契合或相异。可以肯定，从来没有一种科学可以通过实验把契合或相异的这种独一无二的特性准确地证明出来，因为绝对不能保证在实验中不把某个反映着契合或相异的结果的前提漏掉，除非这个前提是唯一的已知前提。虽然绝对排除一切偶发因素是理想的极限，实际上不可能做到，但事实上物理学、化学，甚至生物学都差不多接近了这个极限，以致在大多数情况下，可以认为实验中得到的证明是相当可靠的。但在社会学上则不然，因为社会现象过于复杂，一切人物的实验都是不可能的。因为不能把在同一社会内部并存的一切事实，或在这个社会的发展过程中相继存在的一切事实逐

① 这里所说的剩余法，以及下面将要提到的契合法、差异法和共变法，乃是密尔提出的实验研究的四种归纳法，又称求因果四法。剩余法是指：从所研究的现象中减去那些由于以前的归纳而得知为某些先行条件的结果的部分，而现象的所余部分就是其余先行条件的结果。契合法是指：如果所研究的对象的两个或两个以上的事例只有一个情况是共同的，那么这个唯一的使所有事例有一致之处的情况，就是所给定现象的原因或结果。差异法是指：如果所研究的现象只出现于众多事例中的一个事例而不出现于其他事例，而其他情况在众多事例中是共同的，那么这个唯一使前一事例与其余事例不同的情况，就是现象的结果或原因，或原因和一个必要部分。共变法是指：凡是每当另一现象以某种特殊方式发生变化时，以任一方发生变化的现象，就是另一现象的一个原因或结果，或者是由于某种因果事实而与之有联系。——译者

一列出(甚至是大致地),所以也就绝不可能(甚至是大概地)认定两个民族在任何关系方面都是相契的或相异的,除非它们本来就是一个民族。漏掉一个现象的可能性要比不放过一切现象的可能性大得多。因此,这样的证明方法只能造成一些没有任何科学性的臆测。

但是,共变法则全然不同。实际上,为使这种方法有证明力,并不必把所有与用作比较的变化所不同的变化一律排除。两种现象的变化表现出来的价值具有简单的并行关系,只要被足够数量的变化事例所证实,那就证明这两种现象之间具有联系。这种方法的优越性在于:它证明事物的因果关系不像前述的那样从事物的外部进行,而是在事物的内部进行。共变法不只是使我们看出两种事物表面上的相伴与相斥[1],因而并非不能直接证明两种事实有内部联系。相反,它可使我们看到两种事实至少在量上互相参与。但是,只是这样的互相参与就足以证明两种事实并非互不相干。一种现象的发展方式,表现着该现象的性质。为了使两种发展互相对应,它们所表现的性质也得互相对应。因此,不管比较对象以外的现象处于什么状态,永恒的共存关系本身就是一条规律。因此,要推翻这种共存关系,只指出在某些情况下运用契合法或差异法难以证明其存在,那是不够的。这等于给予这样的证据以它在社会学上所没有的权威。如果两个现象彼此有规律地发生变化,即使在某些情况下其中一个现象单独出现,那也应该承认它们之间有共存关系,因为很可能是一个现象的原因由于某些相反

① 在差异法中,没有原因就排除结果的存在。

原因的阻碍而未能产生结果，或者它虽然存在，但表现的形式与我们以前观察到的形式不同。当然，正如人们常说的，我们可以用新的眼光来考察和研究事实，但不能立即把正式证明了的结果全部抛弃。

当然，由这种方法确立的规律，并不是一下子就以因果关系的形式表现出来的。并存的关系并不是源于一个现象是另一个现象的原因，而是源于这两个现象是同一原因造成的结果，或者还可能源于在它们两者之间存在着第三现象。这第三现象虽已介入，但未被发现，它是第一现象的结果和第二现象的原因。因此，要对这种方法所导致的结果加以解释。然而，什么样的实验方法可使我们顺理成章地推出因果关系而无须用理智对它所确定的事实进行加工呢？最为重要的是，要按一定的方法进行这种加工。这时可用的方法如下：首先，是借助于演绎法来查明两项之中的一项怎样产生了另一样，然后是借助于经验即重新比较来设法验证演绎法所得的结果。如果演绎法是可行的，并证实它的结果是正确的，那就可以认为证明是成立的。相反，如果发现两个事实之间无任何直接联系，尤其是关于它们之间有某种联系的假设是与已经证明了的规律相悖时，那就要去寻找两个事实都依存的或在它们之间起媒介作用的第三现象。比如，我们可以相当准确地证明，自杀倾向的变化是与教育倾向的变化一致的，但我们还无法理解教育怎么会导致自杀；这样的解释是与心理学规律相矛盾的。教育，尤其是基础知识的教育，只触及到意识的最表层领域；相反，自我保护的本能则是我们的基本倾向之一。因此，它不可能对相距甚远和力量甚弱的事实做出敏感的反应。于是，我们会因此而自问：这两

个事实会不会是同一状态的结果。这个共同的原因就是宗教方面的传统主义的削弱既增强了人们对知识的需求，又增强了人们的自杀倾向。

然而，使共变法成为社会学研究的主要手段的，还有另外一个原因。实际上，即使适用的条件极为有利，但用来比较的事实却很少，其他方法也无法有效地被应用。如果我们找不出只在一点上相似或相异的两个社会，那我们至少可以确定两种事实或者经常相伴或者经常相斥。而为了使这种确定具有科学价值，就必须进行大量的认证，使人确信几乎所有的事实都被检查过。然而，不但这样全面的检查不可能做到，而且由此收集来的事实，也正因为数量过于庞大而决不可能充分可靠地认定下来。在这种条件下，不仅会有遗漏那些基本的、与已知的事实相对立的事实的危险，而且对已知的事实也不可能确切了解。实际上，社会学家的推论之所以不能使人信服，往往是因为他们乐意采用契合法或差异法，尤其是契合法，从而更多地关心的是收集资料，而不是对资料进行分析和选择。这样，他们就经常把旅行家仓促完成的杂乱的游记与真实的历史文献同等看待了。看到这样的论证方法，人们不仅可以说只举一个事实就足以将其推翻，而且可以认为这种论证所依据的事实也不总能使人相信。

共变既不要求我们进行支离破碎的列举，又不要求我们作肤浅的观察。为使共变法得出正确的结果，只有几个事实就足够了。只要证明在多数情况下两个现象是共变的，就可以肯定其中有一个规律。社会学家运用共变法，无须很多的材料就可以进行选择并进而作细致的研究。这样，社会学家就可以并因而必须把在真

实可靠的文献中载有其信仰、传统、风俗和法律的社会作为他们进行归纳的主要材料。当然，也不能忽视民族学的资料（不是民族学家可以忽视的事实），但要把它们置于适当的地位。社会学家并不把民族学的资料作为其研究的重心，他们通常使用这方面的资料，仅仅是为了补充历史资料的不足，或者至少要用历史资料来证实民族学资料。这样，社会学家不仅会以更强的判断力来划定比较的范围，而且可以用严格的批判态度来进行比较，因为这样他们就对事实的种类规定了范围，可以对它们作精心的考查。当然，没有必要重复历史学家的工作，但也不能被动地从各方面接受他们所要使用的全部材料。

然而，我们不要因为社会学只能使用一种实验方法而认为它远远不如其他科学。实际上，这种不利情况可因社会学家在进行比较时能够自行采用多种多样的方式而得到弥补，而在其他自然科学领域里是没有那么多的比较方式的。一个个体的机体一生当中发生的变化并不很多，而且是极其有限的。那些可以人为地造成的但对于生命没有造成破坏的变化，也被限制在很小的范围之内。不错，在动物进化的过程中也会发生一些极其重大的变化，但这些变化本身只留下了极少的模模糊糊的痕迹，而且，要重新找到决定这些变化的条件，那就更加困难了。与此相反，社会生活是一种连续不断的变化，它与集体生存中发生的其他变化并行不悖。我们在这方面可以掌握的，不仅有最近时期的资料，而且有已经灭亡了的民族流传至今的大量资料。人类的历史尽管有许多空白，但比各种动物的历史要详明和完整得多。而且，大量的社会现象是在全社会范围内出现的，并由于地区、职业、信仰等的不同而有

多种多样的表现形式，如犯罪、自杀、出生率、结婚率、节俭等。这种特殊环境的多种多样，还在历史进化所造成的变化之外，为这类事实中的每个事实造成一系列新的变化。因此，如果社会学家不能一一有效地运用实验研究的一切手段，那么，他们排除其他方法之后唯一可以使用的共变法，却能在他们手中获得丰收，因为在使用共变法时他会有无与伦比的能力。

但是，只有严格使用共变法，方可得出预期的结果。如果像人们常做的那样，只满足于用一定数量的例子来说明事实在分散孤立的情况下按照预想发生了变化，那是什么也证明不了的。根据这种断断续续的契合，是不能得出任何一般结论的。举例说明一种观念，并不等于证明了这个观念。我们所要比较的不是孤立的变化，而是按规律形成的、彼此先后连贯的、并尽可能是递进的、而且具有足够的广泛范围的变化系列，因为我要想从一个现象的变化中归纳出一条规律来，只有在这些变化清楚地说明了该现象在所定的环境下的自我发展方式时才能做到。而要做到这一点，就必须使这些变化之间也具有自然进化的各不同时期之间具有的那连续性，还要使这些变化所表示的进化是一个相当长的过程，以使人们对它的发展方向没有怀疑的余地。

三

但是，上述变化系列的形成方式，根据情况而各不相同。这些变化系列既可以包括来自单独一个社会的事实，或包括属于同种的若干社会的事实，又可以包括属于不同的若干社会种的事实。

严格地说，如果我们所研究的是一些极其普遍的事实，而且对它们具有多种的广泛的统计材料，那么使用第一种方法就足够了。比如，我们拿表示一个足够长的时期的自杀的增减曲线与自杀现象因地区、阶级、城乡、性别、年龄、身份等不同而发生的变化进行比较，就可以不把研究扩及其他国家而得到一个国家的关于自杀的真正规律，当然用对同种的其他民族所做的观察来证实由此得出的结论往往是更为可取的。但是，只有在研究某一遍及全社会的，而在各地的表现又不相同的社会潮流时，才可以只满足于这种有限的比较。反之，如果我们所研究的是在一个国家里到处都是一样的，并以同样的方式尽其职能，只是随着时间而改变的制度、法律或道德准则和已经组织化的风俗习惯，那就不能只局限于一个国家。否则，被用来作证明的材料只能是见于单独一个社会的一对平行的曲线，即一条是表示所研究的现象的历史变迁的曲线，另一条是表示推测的原因的曲线。当然，这种平行关系只要是恒常的，就已经构成一个重要的事实，但它本身还不能单独成为一种证明。

但是，在我们研究同种的数个民族时，就可以掌握更为广泛的比较材料了。首先我们可以拿一个民族的历史与其他民族的历史对比，观察同一现象在所比较的每个民族中是不是在同样的条件下随着时间的前进而进化的。然后，我们还可以在这些不同的发展之间进行比较。比如，可以确定所研究的事实在不同社会里达到顶点时的状态。这些社会虽属于同一类型，但各有其明显的个性，所以上述的形态并不总是一样的，而是根据情况彼此或多或少有所不同。这样，我们便掌握了一系列新的变化，并可以拿它们与

我们预定的条件同时在每个国家引起的变化进行比较。比如，我们通过罗马、雅典和斯巴达的历史而研究父权制家庭的进化后，可先根据父权制家庭在这些城邦里所达到的最高发展程度对这些国家进行分类，然后看一下是不是可以根据父权制家庭赖以存在的社会环境（根据最初的观察似乎是这样）的状态再进行这样的分类。

然而，只有这种方法还是不够的。实际上，这种方法只适用于所比较的民族存在期间发生的现象，但一个社会并非一一创造其全部组织，有些组织是从先前社会那里原封不动地接受下来的。这样遗留下来的组织不是这个社会的历史发展的产物，所以，不超越这个社会所属的种的界限是无法解释它们的。只有使原来的社会基础增加了新的内容和改变了面貌的东西，才可以用这种方法来考察。但是，在社会发展的阶梯上越往上溯，每个民族新获得的特性比起它接受下来的特性，就越是显得微不足道。这也是一切进步的条件。比如，有史以来我们在家庭法、所有权法和道德方面创造的新东西，比起过去遗留下来的东西，相对来说要少一些，而且也次要一些。因此，如果不事先研究产生这些新东西的那些最基本的现象，就理解不了这些新东西，而这些最基本的现象，只能借助于极其广泛的大量比较来研究。为了能够解释家庭、婚姻、所有权等的现状，就必须知道它们的起源和它们简单的构成要素。关于这两个问题，比较欧洲主要社会的历史不会给予我们多大的启示，还必须追溯到更古的时代。

因此，要说明属于一定种的某一社会制度，就不仅应该比较这个制度在这个种的民族中所表现的各种不同形态，而且还应该比

较它在先前的一切种的各民族中所表现的各种不同形态。比如，在说明家庭的组织时，我们应该首先找出最简单的、曾经存在过的家庭类型，然后再一步一步地考察它是怎样逐渐复杂化的。这个可以称之为“发生法”的方法，可使我们同时对上述现象进行分析和综合。这是因为：一方面，这个方法既已使我们看到构成这种现象的要素是怎样互为补充地逐渐结合在一起的，那它就可以使我们把它们分开来加以研究了；另一方面，由于具有如此广阔的比较范围，这个方面就可以更好地确定这些要素的形成与结合所依赖的各种条件。因此，要解释某一较为复杂的社会事实，只有观察它在所有的社会种中的全部发展过程才能做到。比较社会学并不是社会学的一个特别分支，只要它不再是专注于描述，而注重研究事实，它就是普通社会学了。

在如此广泛的比较过程中，往往会犯错误，导致荒谬结论。为了判断社会事实的发展方向，往往会简单地拿发生在每一社会种的衰落时期的现象与发生在随后的社会种的初期的现象做比较。在这样做的时候，我们以为人们会说，如果信仰和一切传统主义的衰微之类，从来就只是一些民族生活中的暂时现象。因为这种现象只在这些民族存在的后期出现，并在新的进化开始时便消失了。但是，采用这种方法可能冒一种风险：把完全由另外一种原因产生的结果当成了进步的正常的和必然的过程。其实，一个新诞生的社会的状态并不是它所取代的那些社会在其末期所达到的状态的简单延续，而是只有一部分来自这个社会的幼年时期。但社会在幼年时期，一般都拒绝立即直接吸收和利用以前各民族的原有经验。这如同小孩从父母那里接受了要到他长大以后才能发挥作用

的能力和素质一样。如果再以此为例,就可以发现,在每一个社会的历史之初出现的传统主义的复兴,可能不是因为传统主义的衰微永远只是暂时的,而是由新诞生的社会所处的特殊环境所决定的。只有排除妨碍比较的年代因素,比较才具有证明的价值。而要达到这一点,只须把比较的社会置于同一发展时期加以考虑就可以了。因此,要想知道一个社会现象朝着什么方面演变,就必须拿这个现象在每一社会种的幼年时期的表现与其在后来的社会种的幼年时期的表现作比较;然后根据这一现象由一个阶段到另一个阶段是增强了,还是减弱了,或者是维持原状不变,就可以判断它是进步了、退步了,还是原地未动。

结　　论

现将本书所述方法的特点概括如下。

首先，它独立于一切哲学。但因为社会学产生于一些重大的哲学理论，所以社会学依然保持着依靠与其有着牢固联系的某一哲学体系的习惯。因此，社会学也只有满足于这种状况，依次由实证主义的，发展到进化主义的，再由进化主义的发展到唯心主义的。如果不是仅仅为了说明社会学认为社会事实是可以用自然的原因来解释的话，我甚至也不想把它称为自然主义的。在这种情况下，修饰词毫无特殊意义，因为自然主义的这个修饰词只是简单地表示社会学家所进行的是科学事业，表示他们不是神秘主义者。但是，如果人们要赋予"自然主义的"这个词以关于社会事物的本质的学说意义，比如，如果人们要说社会事物可还原为其他别的宇宙力量的话，我则反对使用"自然主义的"这个词。社会学无须使用那些使形而上学者们发生意见分歧的重要假说。它既没有必要肯定自由，又没有必要肯定决定论。它的全部要求，是叫人们承认可把因果律的原理运用于社会现象的研究。而且，在社会学上这一原理不是作为一种合理的必然性，而只是作为一种经验的公设，即合理的归纳的产物而提出的。因为因果定律已在其他自然的领域里得到证实，即其作用范围已逐渐由物理—化学世界扩大到生

物学世界，进而由生物学世界扩大到心理学世界，所以我们有理由认为把它用于社会学世界也同样是恰当的；而且今天可以补充一点：以这种公设为基础进行的各种研究又在证明把它用于社会学的合理性。但是，关于因果关系的性质是否排斥一切偶然性的问题，并没有因此而得到解决。

而且，社会学的这种解放，对于哲学本身也极为有利，因为只要社会学家没有充分地摆脱哲学的影响，他就只能从社会事物的最普遍的方面，即从同宇宙间的其他事物极其相似的方面来认识社会事物。即便处于这种状态的社会学能够用新奇的事实注释哲学，那它也不可能用新的观点来充实哲学，因为它丝毫不能给研究对象增添新的内容。而实际上，如果其他领域的主要事实也见于社会领域，那只能以有利于理解它们的性质的特殊形态出现，因为特殊形态是这些主要事实的性质的至高无上的表现。只是从这种形态观察这些事实时，必须摆脱一般性论述，而深入到它们的细节。这样，社会学随着自身的日益专业化，便能为哲学的反思提供更为独特的材料。以上所述已能使我们看出，关于种、器官、功能、健康与疾病，原因与目的等基本概念是怎样以全新的面目出现于社会学中的。此外，社会学不就是要充分突出“结合”这个不仅可以作为心理学的基础，而且可以作为全部哲学的基础的概念吗？

对于现有的学说，我的方法允许并要求它们有同样的独立性。这样理解的社会学，既不是人们通常所说的个人主义的社会学，又不是人们通常所说的共产主义和社会主义的社会学。原则上说，社会学不理睬这些理论，不承认它们的科学价值，

因为它们想直接做的不是说明事实，而是改造事实。要使社会学关心这些理论，最低限度得使它从它们当中发现有助于它理解社会现实的社会事实，看到对社会有鼓舞作用的需要。然而，这并不是说社会学不应该关心实际问题。相反，人们可以看到，我始终关心的是引导社会学能够得到实际结果。社会学在其研究的终极必然要碰到这些问题。但是，由于这些问题只是产生于这个终极时刻，它们是出于事实而不是出于人们的情感，所以我们由此就可以预想到，社会学家提出这些问题跟普通百姓完全不同，而社会学家提出的解决问题的方法，即便是其中的一部分，也不可能与一切党派所作的任何决议完全一致。由此看来，社会学还有一项任务，那就是不以一种学说反对其他学说，在思想上养成遇到这些问题时，采取特别态度的习惯，即以直接接触事物的科学的态度来解决问题，以摆脱一切党派的束缚。实际上，只有社会学才能以尊重的态度，而不以拜物教的态度来研究历史上形成的一切制度，同时指出它们的必然性和暂时性，以及它们固有的抵抗力和无限的可变性。

其次，我的方法是客观的。它完全受社会事实是物，故应作为物来研究这样一种观念所支配。当然，这个原理也以稍微不同的形式见于孔德和斯宾塞先生的学说的基础之中。但这两位大思想家主要是从理论上对这个原理进行了概括，而很少把它们运用于实践。为了不使这项概括成为一纸空文，只把它宣布出来是不够的，还必须把它作为社会学家一开始接触其研究对象时就要遵守的，而且要贯穿于他的全部研究过程之中的守则的基础。我至今潜心研究的，也只在于建立这个守则。我在前面已经指出：社会学

家应该怎样排除他们对于事实的成见，而直接面对事实本身；应该怎样从事实的最客观的性质着手研究事实；应该怎样根据事实本身来确定把它们划分为健康状态和病态的方法；最后，他应该怎样在对事实的解释中和在证明这种解释的方法上体会这项原理。因为我们一旦感到自己所面对的实实在在的物，甚至就不想以功利主义的打算和任何一种推论来解释它们了。在这样的原因和这样的结果之间存在着差距是十分明显的。一种物就是一个力量，但这个力只能生自另外一种力。因此，为了说明社会事实，就得寻找能够产生这种事实的各种力量。不仅对社会事实的解释不同，而且对它们的论证也不同。或者更确切地说，只有把它们作为物时，才感到需要证明它们。如果社会学的现象只是一些具体化了的观念体系，那么解释社会学的现象，就是按照它们的逻辑顺序重新研究它们，而这种解释本身就是对它自己所作的证明，这时最多只需要举一些事例来加以证实。如果不举事例证实，则只有通过合理组织的实验才能揭示出物的奥秘。

但是，我们把社会事实看作物，即是把它们看作社会的物。这是使我的方法成为社会学的专门方法的第三个特点。人们往往以为，这些现象过于复杂而难以对它们进行科学的研究，而要使它们成为科学研究的对象，就必须把它们简化为它们的基本条件，即简化为心理的条件或机体的生存条件，也就是说，使它们失去它们固有的性质。我与此相反，而是力求证明无须抽掉它们固有的性质，就可以对它们进行科学的研究。我甚至拒绝把作为这些现象的特征的特殊的(sui generis)非物质性简化为本身已经极其复杂的心理现象的非物质性，尤其是不能允许自己仿效意大利学派把这种非物质性消解在有机物质的一般属性之中[①]。我在前面已经指出，一种社会事实只能以另一种社会事实来解释，同时在揭示集体进化的主要原动力存在于社会内部环境时也说明了这种解释是可能的。因此，社会学不是其他任何一门科学的附庸，它本身就是一门不同于其他科学的独立的科学。对社会现实的特殊感觉是社会学者不可缺少的东西，因为只有具备社会学的专门知识才能使他去认识社会事实。

我认为这一进步对于社会学的今后发展也是极为重要的，当然，当一门科学在初创的时候，为了使它能够成立，就必须参照仅有的已有模式，即参照已经形成的科学。那里是既有的经验的丰富宝库，若不利用，那就太愚蠢了。但是，一门科学只有形成自己独特的个性，才能让人视为达到了最后的独立，因为只有其他科学没有研究的那类事实成为它的研究对象时，它才有理由独立存在。但是，不能把相同的概念用于性质不同的事物。

我认为这些就是我的社会学方法的原则。

我这一整套的准则若与人们通常使用的各种方法相比，或许显得过于繁杂而不切适用。不错，对于至今几乎都要求研究工作者具备一般文化素养和哲学素养的科学来说，遵守这一系列的条条框框似乎有些困难。事实上也可以肯定，实际运用这些方法也不会提高人们对社会学的事物的兴趣。当我们作为基本条件，要求人们放弃他们对某一类事物的传统观念而重新考察这些事物时，不会有众多的支持者。但这也不是我们追求的目的。相反，我

① 因此，人们没有理由说我的方法是唯物主义的了。

以为，对于社会学来说，现在是放弃此间所谓的成功，也像任何一门科学那样自立门户而独自传授下去的时候了。这样，社会学虽在推广上有所失，但在威严和权威上会得到补偿。只要它还参与党派斗争，只要它还仍满足于以略高于普通人的推理方式来确立共同的观念，而不以任何专业能力为先决条件，那它就没有资格大声疾呼：让情感和偏见休矣！当然，社会学可以有效地发挥这种作用还为时过早，但正是为了使它能在将来的某一天发挥这种作用，我们才必须从现在起就开始努力。

图书在版编目(CIP)数据

社会学方法的准则/(法)E.迪尔凯姆著;狄玉明译.—北京:商务印书馆,2017
(汉译世界学术名著丛书:120年纪念版:珍藏本)
ISBN 978-7-100-14551-0

Ⅰ.①社… Ⅱ.①E… ②狄… Ⅲ.①社会学—研究方法 Ⅳ.①C91-03

中国版本图书馆CIP数据核字(2017)第152340号

汉译世界学术名著丛书
(120年纪念版·珍藏本)
社会学方法的准则
〔法〕E.迪尔凯姆 著
狄玉明 译

商 务 印 书 馆 出 版
(北京王府井大街36号 邮政编码100710)
商 务 印 书 馆 发 行
北京市十月印刷有限公司印刷
ISBN 978-7-100-14551-0

2017年12月第1版 开本710×1000 1/16
2017年12月北京第1次印刷 印张10½
定价:55.00元